D1732211

Oliver Kalkofe,
geboren 1965 in Hannover, aufgewachsen in Peine,
studierte der gelernte Fremdsprachenkorrespondent Publizistik,
Anglistik und Germanistik in Münster.
Den ersten passenden Rahmen für sein humoristisches Talent
fand er in der sonntäglichen Kultshow „Frühstyxradio"
bei Radio ffn in Niedersachsen, wo er unter anderem Figuren wie
dem schmierigen Märchenerzähler „Onkel Hotte" das Leben schenkte.
Für sein Lieblingsmedium Fernsehen schuf Kalkofe die
preisgekrönte TV-Satire „Kalkofes Mattscheibe".
Im Kino landete er mit den Edgar Wallace-Parodien „Der WiXXer"
und „Neues vom WiXXer" zwei Überraschungs-Hits.
Für die Programmzeitschrift „TV Spielfilm" verfasst Oliver Kalkofe
14-täglich seine medienkritische Kolumne „Kalkofes letzte Worte".

Fotos/Oliver Kalkofe:
Holger Rauner, www.rauner-holger.de

Fotos S. 19, 45, 68, 71, 88:
© *action press*

Fotos S. 80 – 83, 122:
Fotolia

© 2010 Lappan Verlag GmbH
Postfach 3407 · 26024 Oldenburg
www.lappan.de

Gesamtherstellung:
LEGO S.p.A., Vicenza · Printed in Italy
ISBN 978-3-8303-3252-7

Der Lappan Verlag ist ein Unternehmen der
Verlagsgruppe Ueberreuter, Wien.

KALKOFES LETZTE WORTE

Gemeinsam sind wir doof!

LAPPAN

VORWORT VON
OLIVER KALKOFE

Für einen prominenten Kollegen ein Vorwort zu verfassen ist eine ehrenhafte, doch gleichsam höchst diffizile und verantwortungs- volle Angelegenheit, vor allem wenn er einem nahe steht.

Selbstverständlich erfüllte es mich mit Freude und Stolz, als ich die Anfrage erhielt, ein paar Zeilen als Prolog für das neue Werk von Oliver Kalkofe zu verfassen, dessen Kunst ich bereits seit vie- len Jahren in höchstem Maße bewundere. Nur ... was soll man schreiben über einen solch brillanten Geist, poetischen Literaten und kreativen Ausnahmekünstler wie ihn, was nicht ohnehin jeder- mann bereits weiß? Wie soll man seinen Witz, seine Schärfe, seine kulturelle Weitsicht würdigen, ohne damit seine sympathisch bo- denständige Bescheidenheit zu beleidigen?

Gibt man ‚Kalkofe' in die Suchmaschine ein, so sind die zehn häufigsten ihn begleitenden Begriffe im Internet: Mattscheibe, Medienkritik, TV-Terminator, attraktiv, Vorbild, kenn ich nicht, in- telligent, Sexgott, blödes Arschloch und in die Fresse! Seine legen- dären Kolumnen in der Kult-Zeitschrift TV Spielfilm sind legendär und werden sogar heute noch von Millionen Menschen manchmal gelesen. Kaum jemand versteht es wie er, Witz und Ironie, sprach- liche Eleganz und Ästhetik so leichtfüßig mit Wahrheit, Kritik und Weisheit zu verbinden, ohne dabei verbal in die Scheiße zu treten. Sachlich hat er immer recht, privat wie beruflich, und bietet auch sonst kaum Anlass zur Kritik. Er isst wenig, schmutzt nicht und riecht gut, beteiligt sich am Unterricht und stört kaum.

Die Entscheidung, seine neuesten, medienpolitisch höchst brisanten Texte aus der Rubrik ‚Kalkofes letzte Worte' nun endlich auch in gebundener Form dem Publikum zugänglich zu machen, kam keine Minute zu früh. Nicht, dass jemand explizit danach gefragt hätte, aber später wäre einfach doof gewesen, und irgendwie muss er ja auch die Miete bezahlen, das darf man nicht vergessen.

Sollten Sie gerade in einer Buchhandlung stehen, dieses Buch in den Händen, und sich fragen, ob Sie es kaufen sollen, so lassen Sie mich Ihnen aus vollem Herzen ein reines und ehrliches ‚Ja, ja, ja! Sofort! Zögere nicht und beweg deinen Arsch endlich zur Kasse, du wankelmütiges Weichei!' zurufen. ‚Und wenn du klug bist, nimm gleich noch eines oder gar mehrere mit, für gute Freunde oder statt Blumen als Anbahnung zum Geschlechtsverkehr! Es soll dein Schaden nicht sein'. Sollten Sie diese Veröffentlichung bereits käuflich erworben haben und sie sich nun daheim, im Zug oder im Puff zu Gemüte führen, so haben Sie alles richtig gemacht. Ich gratuliere Ihnen zu Ihrem guten Geschmack.

So bleibt mir denn an dieser Stelle nichts weiter, als Ihnen ein delektables Lesevergnügen zu wünschen bei KALKOFES LETZTE WORTE: GEMEINSAM SIND WIR DOOF, ein langes Leben und alles Gute zum Geburtstag.

Sie werden den Kauf nicht bereuen. Und wenn doch, liegt das nur an Ihnen selbst, da sollten Sie sich mal lieber an die eigene Nase fassen. Danken wir besser dem lieben Gott auf Knien, dass es jemanden wie Kalkofe überhaupt noch gibt, der sich traut, so auszusehen und solche Sachen zu schreiben. Und das sage ich ganz objektiv.

Herzlichst, Ihr Oliver Kalkofe

Inhalt

Worte

ICH HABE ANGST!

Ich war dumm. Ich habe einen sehr großen Fehler begangen. Dabei hätte gerade ich es doch wirklich besser wissen müssen! Aber

nein, ich wollte die Gefahr nicht sehen. Da bin ich doch wirklich

so bescheuert gewesen und setze ich mich ohne Not einen ganzen Tag lang faul vor den Fernseher und zappe einfach so durch die Programme! Mein Gott, wie dämlich kann man sein! Man hält ja auch nicht aus Spaß den Kopf in die Mikrowelle. Klar, dass mir jetzt kotzübel ist. Körperlich und seelisch ein Wrack, völlig ausgelaugt, der Magen von innen nach außen gestülpt, im Mund der Geschmack von fauliger Essigsäure und Verwesung. Mein Schädel pocht wie verrückt, wahrscheinlich will das Gehirn, dass ich es rauslasse.

Das Schlimmste aber ist diese innere Unruhe, dieses unterschwellige Gefühl der Angst, das seitdem in mir wohnt. Ich habe sämtliche Türen und Fenster verschlossen, die Vorhänge vorgezogen und traue mich nicht mehr auf die Straße. Sind die da draußen wirklich alle so? So wie sie den ganzen Tag über in den ganzen vermeintlich realen Talk-Shows, Doku-Soaps und Ratgebersendungen zu sehen sind?

Ist das wirklich Deutschland? Ein Haufen lebensunfähiger stinkfauler Amöbenwesen, fett oder dumm oder hässlich oder meistens alles drei plus arrogant und unsympathisch, die depressiv allein oder falsch verheiratet mit unerzogenen Drecksbälgern hoch verschuldet in piefig kaputtmöblierten Wohnungsattrappen hausen? Tausende granatendämlicher Bumsnasen, die trotz ärztlich attestierter Talentlosigkeit mit chronischem Hackfressen-Syndrom von der Karriere als Weltstar träumen, ihre Mitmenschen mit verbalisierten Gedankenblähungen vollmüllen und ohne Hilfe von RTL zu doof zum Kochen, Fressen, Wohnen oder Scheißen sind? Intelligenzresistente Arschnattern, die glauben, ihre Blödheit würde verschwinden, wenn sie im Fernsehen für ihre eigene Dämlichkeit ausgelacht werden?

Ich kann und will das nicht glauben. Würde man sich nicht eigentlich viel eher ganz tief in der Erde eingraben oder in einer Höhle verstecken wollen, wenn man so wäre, damit das möglichst keiner mitbekommt? Oder ist diese Mischung aus Selbstüberschätzung, Unfähigkeit und Verstandslähmung vielleicht sogar ansteckend? Mag ja sein, dass durch die TV-Strahlung irgendwelche Hirnfraß-Viren übermittelt werden, oder dass Doofheit generell übertragbar ist, durch Bakterien, Gespräche oder Geschlechtsverkehr. Kann man sich blöd bumsen? Solange die Symptome aber nicht einmal erkannt, sondern größtenteils sogar gesellschaftlich akzeptiert werden, ist in nächster Zeit wohl auch kaum mit einem Gegenmittel zu rechnen.

Vielleicht ist es aber auch alles gar nicht so schlimm wie es scheint. Vielleicht sind gar nicht alle so furchtbar wie das Fernsehen es uns vormacht, und dahinter steckt nur eine groß angelegte Verschwörung der Regierung. Um uns ängstlich und dadurch manipulierbar zu machen. Oder damit niemand sich beschwert, wenn eines Tages die Hälfte der Bevölkerung zu Testzwecken an Außerirdische verkauft wird. Falls das nicht bereits geschehen ist. Kann ja sein, dass wir schon fast alle durch besonders bescheuerte Aliens ausgetauscht wurden und in Wirklichkeit klug und sympathisch irgendwo im All schweben.

Alles logisch und durchaus denkbar. Aber bis ich Beweise dafür habe, bleibt meine Tür verschlossen und mein Gewehr geladen!

DIE GABE DER VERNUNFT

Der menschliche Verstand ist schon eine tolle Sache. Rein technisch gesehen hat ihn jeder und darf ihn sogar kostenfrei benutzen. Ein Großteil tut es allerdings nicht, aus welchem Grund auch immer. Manche aus Trotz, andere aus Angst, es könnte wehtun, viele aus Faulheit und einige, weil sie die Gebrauchsanleitung nicht finden.

Denn auch wenn wir alle theoretisch mit der Gabe der Vernunft beschenkt wurden, so muss man sie sich doch praktisch eher vorstellen wie Möbel von Ikea. Die Fähigkeit zum Denken bekommt der Homo Sapiens bei der Geburt mitgeliefert, quasi als Willkommensgeschenk des Lebens, als göttlicher Gruß aus der Küche. Der Verstand ist das Billy-Regal des Bewusstseins. Nur aufbauen und einräumen muss man es selber. Platz ist genug da, und manche Menschen wissen ihn auch zu nutzen, indem sie die Fächer so voll wie nur möglich packen, mit Büchern, Kunst, Spaß, Ideen, Wissen und Erfahrungen. Andere stellen einfach ein paar rosa Porzellanschweine rein und klatschen in die Hände. Die Verwendungsmöglichkeiten sind mannigfaltig.

Momentan scheint die korrekte Anwendung der eigenen Vernunft allerdings weltweit nicht so recht zu flutschen. Abgesehen von den unzähligen Dumpfhirnen, die ihr IQ-Regal noch immer in der Originalverpackung hinter dem Flatscreen-TV stehen haben, benehmen sich vor allem immer mehr im Grunde hochintelligente Menschen, als hätten sie ihr Gehirn für einen Euro bei ebay verkauft. Viele TV-Redakteure oder sonstige Mediengestalter verstecken die Bücher, die sie während des Studiums mal kaufen mussten, schamhaft ganz oben, wo sie keiner sieht, und stellen in die restlichen Regale beleuchtete Selbstporträts im Goldrahmen plus ein paar Kleenex-Boxen, falls sie bei dem Anblick mal onanieren müssen.

Politiker haben in der Regel eine ordentliche Anzahl hoch anspruchsvoller Fachbücher griffbereit, wissen meist aber nicht, wie man sie öffnet. Oder warten auf ihren persönlichen Referenten, damit er ihnen daraus vorliest. Und die bedeutendsten Banker, Manager und Finanzexperten der Erde benehmen sich seit kurzem alle so, als hätte ihnen einer in den Schrank geschissen. Der Papst andererseits hat ein goldenes Regal mit dem gesamten Wissen des Universums, nur leider stehen einige Dutzend Bischöfe und Berater davor und lassen ihn nicht ran. So kommt es dann halt auch mal vor, dass er mit unfehlbarer Geschicklichkeit einen reaktionären Altnazi-Bischof begnadigt oder in Afrika predigt, dass Kondome wegen ihrer GV-Freundlichkeit die Aids-Gefahr erhöhen und man bei gegenseitiger Sympathie doch lieber öfter mal gemeinsam beten solle statt immer nur sinnfrei zu bumsen.

Bei uneingeschränkten Nutzungsrechten auf den gesunden Menschenverstand dürfte so etwas alles eigentlich nicht passieren. Denken wollen, können und es auch wirklich tun sind halt doch noch einmal drei verschiedene Herangehensweisen an den zerebralen Arbeitsspeicher in der Haarablage-Murmel. Dabei ist es weder eine Schande noch billige Prahlerei, den eigenen Verstand in der Öffentlichkeit zu benutzen, man muss sich dafür nicht schämen. Im Gegenteil, es kann sogar recht cool sein. Auch wenn es leider keine Casting-Show dafür gibt.

FRÜHER WAR ALLES VIEL SPÄTER

‚Ach ja, das Fernsehen wird wirklich immer schlimmer!' Zugegebenermaßen eine Platitüde, aber inhaltlich trotzdem nicht von der Hand zu weisen. Wohingegen der Umkehrschluss ‚Früher, da war das Programm noch viel besser!' nicht nur eine abgedroschene Laberphrase, sondern vor allem eine faktische Falschaussage darstellt.

Egal, was unser trügerisch vernebeltes Gedächtnis und all die vielen Fernseh-Highlight-Memory-Shows uns weismachen wollen! Denn wenn wir älteren Säcke aus dem gerade noch akzeptierten Randsegment der werberelevanten Zielgruppe einmal den Schleier der nostalgischen Verklärung vom persönlichen Erinnerungsspeicher lüften und versuchen, uns beispielsweise bewusst auf die grausame TV-Realität der 70er-Jahre zurückzubesinnen, werden wir vor allem das Gefühl von Unterhaltungsarmut, Einsamkeit und Mangelerscheinungen erfahren.

Nicht, dass ich mit dieser Aussage auch nur einen einzigen Kuli-Gag, Carrell-Sketch oder Rosenthal-Spitze-Hüpfer herabwürdigen möchte, auf gar keinen Fall! Aber die Möglichkeiten zur mentalen Entspannung auf der Mattscheibe waren damals schon eher rar gesät. Dominiert wurde diese von dem so genannten ‚Anspruchsvollen' und bot funtechnisch gesehen eine Art dröges Dritte Welt-Fernsehen, vor dem Entertainment-Hungertod knapp gerettet durch kleinere Care-Pakete aus England und Amerika. Allerdings stets in gut verdaulichen Portionen: nur ein US-Krimi-Häppchen pro Woche, vielleicht noch ein Löffel Enterprise oder ein Scheibchen Bonanza am Sonntag. Dazu die selbst fabrizierte blauböckige Gute Laune aus heimischen Landen zum gemeinsamen Familienverzehr am Samstagabend, zwischendurch bei guter Führung ein schneller Dalli Dalli- oder Thoelke-Snack als Light-Produkt am Donnerstag. Alles streng rationiert nach dem Muster der altbewährten Essensmarken und ordentlich durchstrukturiert, wie es sich für gute Beamte gehört. Spaß ist schließlich kein Vergnügen und sollte dem Pöbel nicht im Überfluss zur Verfügung stehen. Wie schnell kann damit Missbrauch getrieben werden!

Das Medium Fernsehen wurde damals halt weniger als Freudenspender der Massen begriffen, denn als öffentlich-rechtliche Bildungsbürger-Begegnungsstätte mit nachgelagertem Lehrauftrag. Doch gerade wegen dieser rigiden vergnügungsfeindlichen Programmpolitik der strengen Hand war das Publikum so dankbar und zufrieden. Jeder noch so kleine Brocken unbeschwert anmutender Unterhaltung wurde gierig aufgesogen, die Sender im Gegenzug mit güldenen Traumquoten überschüttet. Und die glücklich zwangsverknappte Bevölkerung teilte ein angenehmes Gemeinschaftserlebnis, das bis heute die Generationen verbindet – denn wenn einmal versehentlich ein interessantes Programm auf einem der zwei zahlenmäßig recht überschaubaren Kanäle lief (mit Strebern, die damals das Dritte guckten, redete man ja gar nicht, da lief doch nur Schulfernsehen, igitt!), hatte man bei seinem Gegenüber am nächsten Tag eine Chance von mindestens 50%, dass er das auch gesehen hatte. Diese Sache mit dem ‚Privatleben‘ und Rausgehen und so steckte ja auch erst in den Kinderschuhen.

Was lernen wir also daraus? Wenn man nix zu fressen hat, ist man dankbar für selbst die kleinste Portion Nachtisch. Hat man die genau richtige Menge zur Sättigung, und schmeckt diese vielleicht auch noch, ist man irgendwie unzufrieden, weil man immer denkt, es könnte irgendwo noch mehr geben. Und wenn alles im Überfluss vor einem steht, frisst man bis man kotzt, vor allem das billige ungesunde Zeug, was einem gar nicht bekommt, und denkt während der anschwellenden Übelkeit zurück an die schöne Zeit, als man noch Hunger hatte.

So blöd wie der Mensch möchte bestimmt manches Tier auch mal sein, wenn auch nur ganz kurz zum Spaß.

ICH WILL NICHT MEHR PAPST SEIN!

Wie glücklich waren wir alle doch noch vor wenigen Jahren, als wir plötzlich über Nacht alle auf einen Schlag Papst wurden. Ganz Deutschland war im Ratzi-Fieber und genoss die kollektive Heiligsprechung. Doch auf einmal war das alles vorbei, die Stimmung kippte und niemand wollte mehr Papst sein, nicht mal der Papst selber. Wie konnte es dazu kommen?

Routinemäßig hatte der Heilige Vater eine Herde sündiger Schäfchen begnadigt, die mal irgendwann wegen irgendwas exkommuniziert worden waren. Darunter auch Richard Williamson, ein durchgeknallter Bischof aus England, der unter anderem die Thesen vertritt, dass die Protestanten vom Satan gelenkt werden und Frauen weder Hosen tragen noch an Universitäten zugelassen werden sollten. Da das alles soweit ja ganz vernünftig klang, holte ihn der Papst also gütig zurück in den Schoß der katholischen Kirche. Dummerweise wurde dabei aber übersehen, dass Bischof Braindead darüber hinaus auch noch lauthals vermeldet hatte, es hätte den Holocaust im Dritten Reich nie gegeben. Selbst nach heftig auflodernder Kritik und persönlicher Aufforderung des Pontifex nahm er diese Aussage allerdings nicht zurück, da er meinte, dass er ‚erst noch mal die historischen Fakten prüfen' und sich ein paar Guido Knopp-DVDs bestellen müsse. Es folgten internationale Proteste, hohe Würdenträger sprachen von einer Papst-Falle samt Verrat, und unser geliebter Ratzebär verwandelte sich auf einmal in den Kurt Beck des Vatikan.

‚Okay, hat der Kollege Pope-Man halt 'nen Fehler gemacht, soll er sich kurz entschuldigen, den irren Schweinepriester wieder in die

Pampa schicken und Schwamm drüber!', würde unsereiner in solch einem Falle wohl sagen. Blöd halt nur, wenn man der Papst ist, denn der macht nun mal keine Fehler, weil er ja laut Arbeitsvertrag generell unfehlbar ist. Doofe Sache. Und so wirklich leicht ist es für ihn auch nicht, eine andere Ausrede für den Fauxpas zu finden. ,Ich war halt jung und unerfahren!' zieht bei dem knackigen 83-jährigen nur so mittel. ,Ich komme aus Deutschland, da wissen wir nicht so viel über das Dritte Reich!' klingt auch konstruiert. Und als Vertreter Gottes wäre es ebenso falsch zu behaupten: ,Na ja, mein Chef ist halt ein Idiot!', selbst wenn das im normalen Berufsleben fast immer zieht.

Echt verzwickt. Da bleibt nur stures Aussitzen, sich dumm stellen und hoffen, dass in ein paar Jahrzehnten Gras über die Sache gewachsen ist. Und natürlich ab und zu mal ein paar Würdenträger von der Leine lassen, die sich lautstark darüber empören, dass es weltliche Kleingeister wie die Kanzlerin überhaupt gewagt haben, ihre Meinung über den Unantastbaren zu äußern, denn das stünde nun einmal niemandem von uns zu.

Wobei ich mir bei allem Respekt erlaube, dies doch zu tun. Denn Scheiße bauen ist ja im Grunde nicht schlimm, nur den eigenen Haufen heilig zu sprechen, bloß um die eigene Göttlichkeit zu untermauern, macht aus dem Dödel noch keinen Goldklumpen.

Aber das ist halt der Vorteil, wenn man einen Vorgesetzten hat, dessen Existenz noch nicht eindeutig bewiesen ist – man kann auch nicht von ihm entlassen werden!

SERIEN-ABSURDITÄT

Es ist schon fast rührend, wie groß bei den Sendern die Angst vor der eigenen Kreativität oder bösen Innovationen ist, vor allem wenn es um die Letzte eingelullte Telenovela-Suppe geht, in die sie sich seit Jahren so behaglich

zum Schlafen gelegt haben. Kaum ist da eine nach ein paar hundert Folgen zu viel doch endlich mal wirklich vorbei, macht man sie trotzdem lieber irgendwie weiter als etwas Neues auszuprobieren.

So wurden die **WEGE INS GLÜCK** beim ZDF erst von **BIANCA** beschritten, danach von **JULIA,** gefolgt von **NINA, LUISA** und **NORA,** bis nach knapp 800 Folgen niemand mehr freiwillig den plattgelaufenen Trampelpfad lang latschen wollte. Auch der **STURM DER LIEBE** wehte in der ARD bereits **LAURA, MIRIAM, SAMIA** und **EMMA** zwischen die Beine, und aus **ALISA – FOLGE DEINEM HERZEN** wurde jetzt einfach **HANNA,** die ebenfalls ihrem Herzen folgen soll, wenn auch zu ganz wem anders hin und auch mit anderen Leuten drum herum und in einem ganz anderen Job und so ..., aber in der gleichen Stadt! Ja, das macht Sinn ... irgendwo ... wahrscheinlich ..., solange man nur dem Herzen folgt und nicht das Hirn einschaltet!

ENDLICH VORBEI!

Wie schleppend doch die Zeit vergeht, wenn man sich langweilt. Nach quälenden sechs Jahren inhaltsleerer Nichtigkeit im Look einer mies imitierten Krimi-Imitation, zeigte SAT1 nun doch Gnade mit dem Zuschauer und beendete die Abenteuer von Zwirbelschnauz **LENßEN & PARTNER.** Wahrscheinlich, weil die Produktion zu teuer und aufwendig war. Haha, kleiner Scherz! Okay, als Ersatz kam auch bloß eine weitere Blabla-Herzklopf-Telenovela-Sülze, aber gegen das Pseudo-Doku-Gestümper der debilen Dilettanten-Parade ist das ja fast schon so ähnlich wie ansatzweise Qualität! Naja, ich will auch nicht übertreiben ...

KLINIK IM KOMA

War eigentlich 'ne ganz tolle Idee von SAT1: Weil auf allen Sendern so viele wirklich gut gemachte Arzt-Serien aus Amerika laufen, die auch noch richtig intelligent geschrieben und klasse produziert sind, könnte man doch selber auch noch eine drehen! Also genau so wie die aus den USA, halt nur nicht ganz so gut, weniger clever, einfacher erzählt, nicht so hochwertig gedreht, schlechter geschrieben und ohne großartige Schauspieler.

Das braucht zwar eigentlich kein Mensch ... und ist gerade davor schon einmal gescheitert ... mehrfach sogar ... **DR. MOLLY & KARL** *(Dr. House in Dick und etwas netter) hatte es nach Folge 8 von 13 aus den Schlappen gehauen ..., aber schön wär's ja schon, wenn's klappt ..., und durch reine Logik sollte man sich von doofen Ideen niemals abhalten lassen!*

Also wurden mal schnell 27 Folgen der großartig pimpeligen **KLINIK AM ALEX** *abgedreht. Wovon allerdings nur 5 gezeigt wurden, bevor der Quo-*

tendoktor aktive Sterbe-hilfe praktizieren muss-te. Der Rest vergammelt noch immer neben den unversendeten Gebeinen von **DOC MOLLY** *und Dutzenden anderer vorzeitig eingeschläferter Murks-Flops im Zombie-Keller von SAT1. Wehe uns allen vor dem Tag, an dem die Untoten sich erheben!*

Worte

19

KLOPPER-MÖNCHE

Manche Serien sind so doof, dass sie schon wieder cool sind. Andere sind so cool, dass sie einfach nur doof sind. Die Actionserien bei RTL liegen immer irgendwo dazwischen, allerdings meist mit schmerzhaft deutlichem Überhang in Richtung Doofheit. So wie bei **LASKO, DIE FAUST GOTTES:** *so blöd, dass einem das Hirn juckt, und trashig an der Sondermüllgrenze – aber wohl gerade deshalb ein großer Erfolg. Die Story: ein engelslockiger Kung Fu-Mönch mit Kantenkinn, der Gewalt eigentlich gar nicht so toll findet, dann aber mit seinen Brüdern trotzdem reihenweise Bösewichte vermöbelt, wenn der liebe Gott es halt so will. Eine Art schlecht gemachtes Kloster-A-Team für sehr genügsame Zuschauer, die beim Denken immer Kopfweh kriegen.*

WITZLOSES WETTBUMSEN

Immer wenn man denkt, noch blödere Fake-Doku-Formate als die bislang verbrochenen wären gar nicht mehr möglich, dann kommt irgendein hirngeschädigter Vollpfosten um die Ecke gegrinst und göbelt eine neue Ladung Hirnkotze in den Äther! Absoluter Platz 1 der gigantomanischen Megascheißideen: **50 PRO SEMESTER,** *angkündigt (und wegen der heftigen Proteste gleich nach der Ankündigung erst einmal wieder verschoben) im Talk-of-the-Town-Sender P7! Gescriptete Pseudo-Reality über die Wette fünf fiktiver Studenten, wer von ihnen es wohl als Erster schaffe, während eines Uni-Halbjahrs 50 freiwillige Begattungshelfer für ein Ruckelnümmerchen in die Kiste zu bekommen. So dumm wie ekelerregend. Klingt wie eine mittelpfiffige Idee für einen Doofen-Porno oder eine unterdurchschnittliche Teenie-Titten-Komödie für Spätpubertierende, ist allerdings gedacht als beschwingtes Family-Entertainment am Nachmittag. Meine private Fantasie: die pervers-blödigen Verantwortlichen an einen Stuhl fesseln und jeweils 50 Zuschauer finden, die ihnen auf den Kopf kacken!*

GEMEINSAM
SIND WIR DOOF!

Meine Lieblingsgeschichte der letzten Zeit: Die bayerische GEZ drohte einer zu 100 Prozent schwerbehinderten, stummen und tauben 88-jährigen Frau mit Zwangsvollstreckung wegen Nichtzahlung der Rundfunkgebühren! Klar, so einfach soll sich diese Simulantin da mal nicht herausreden, sie hätte schließlich beim Inzestfest der Volksmusik die melodischen Vibrationen auch einfach ertasten können, und die Gute-Laune-Schwingungen der öffentlich-rechtlichen Freudenspender erwärmen das Herz, selbst wenn man weder sehen noch hören kann! Da muss man sich schon was Besseres ausdenken, um sich vor der GEZ zu drücken. Wie sich herausstellte, war letzten Endes aber nur die Bürokratie schuld, weil die verschiedenen Anträge in unkorrekter Reihenfolge an die falschen Stellen gerichtet wurden. Und den gesunden Menschenverstand einzuschalten wäre zu anstrengend und gegen die Vorschrift gewesen.

Wobei ich mir schon manchmal Gedanken mache, wieso es grundsätzlich so schwer zu sein scheint, den eigenen Verstand zu benutzen, insofern er noch lebt und man ihn im Lauf des Lebens nicht mal irgendwo im Bus oder an der Garderobe liegen gelassen hat. Seltsamerweise scheint die Dummheit größer zu werden, je mehr Menschen auf einem Haufen sind. Der Einzelne mag zu zeitweiliger Intelligenz noch durchaus in der Lage sein, in der Masse allerdings verliert er diese Fähigkeit. Sobald sich mehrere Individuen zu einer Gruppe vereinigen, erhöht sich die Anfälligkeit für kollektive Dämlichkeit. Je größer dabei die Menge, desto schneller wächst auch der individuelle Anteil an Dummheit, der jegliche Fähigkeit Worte zum selbstständigen Denken absorbiert. Jeder steuert sein eigenes Quäntchen Doof zur großen Einheit der Blödigkeit bei, bis wir alle im gleichförmigen Strudel des Irrsinns versinken. So gern wir es also auch von uns glauben möchten – wirklich unschuldig ist leider niemand!

Anders lässt sich die grausige Realität um uns herum jedenfalls nicht logisch erklären. Statistisch gesehen sind wir umringt von unheilbaren Knallbirnen mit ausgeblasenen Gehirnschalen, die fast aussehen wie echte Menschen ..., sich aber den Klingelton vom Bekloppten Frosch oder Onanierenden Otter runterladen, ekstatisch zu Dieter Bohlen-Songs in Großraumdiscos tanzen, über den Sat1-Fun-Freitag lachen, Sachen kaufen, für die Heidi Klum Werbung macht, bei 9live anrufen, nachmittags freiwillig RTL gucken, Sangria aus Eimern saufen und das für Freiheit halten, sich Rosenmontagsumzüge anschauen, beim Mutantenstadl mitschunkeln und mit Diddl-Mäusen knuddeln. Diese Wesen sind in der Überzahl, machen wir uns nichts vor. Doofheit als Energiequelle ist mächtig und gewaltig. Die Kreaturen, die sich aus ihr speisen, sind überall. Und wir gehören selbst dazu!

Besonders deutlich wird das Phänomen der Massenverblödung, wenn es sich um Fachleute handelt und diese sich zu einer Vereinigung oder gar Behörde zusammenschließen. Jeder einzelne Finanzexperte der Welt hätte einem wahrscheinlich ganz vernünftig erklären können, was man alles beachten muss, um im Immobiliengeschäft nicht auf die Fresse zu fallen. Aber kaum kommt ein ganzes Rudel Superbanker zusammen, sich gegenseitig im mathematischen Testosteronkoller die Zahlen wie eine rechnerische Morgenlatte in den Himmel der Glückseligkeit reibend – schon benimmt sich ein komplettes internationales Finanzsystem blöder als Franjo Pooth.

Immerhin lernen wir aus der aktuellen Wirtschaftskrise: Alles ist okay, solange man nur im richtig großen Stil Scheiße baut. Ein paar Tausend Euro privat in den Sand gesetzt und man hat die Arschkarte oder Peter Zwegat am Hacken, da gibt es keine Gnade. Bei gigantomanischer Verkackung in globalem Ausmaß aber kommt sogar die Regierung und drängt einem die Milliarden zur Rettung regelrecht auf, fast wie früher die Oma einem noch die Tafel Schokolade in die Jacke schob, auch wenn man schon nicht mehr in die eigene Hose passte.

Toll auch, dass diese ganze Riesengrütze, in die wir alle langsam geritten wurden, ohne dass auch nur mal jemand ein Räuspern der Vorahnung verlauten ließ, von so genannten Top-Managern und Super-Experten verursacht wurde, die sich selbst vor der Pressemeldung noch mal schnell das Weihnachtsgeld erhöhten und gerade angestrengt bemüht sind, lachend die gleichen Fehler noch einmal zu machen.

Hätte ich nur einen Euro für jedes Mal, wo mir ein ahnungsloser Fachmann grinsend sagte: ,Entspannen Sie sich und lassen Sie mich mal machen, ich weiß was ich tue', bevor er sich selber in die Hose machte und mir später das Abputzen überließ, ich wäre ein reicher Mann. Und hätte ich jedem, der es verdient hätte, danach persönlich eins in die Schnauze gehauen, ich könnte diesen Text nicht mehr selber tippen.

DAS WAHRE
FALSCHE LEBEN

Schon seltsam, wie die Welt sich verändert. Früher kannte man gerade mal die Nachbarn, vielleicht noch ein paar doofe Kollegen oder Freunde, sofern man welche hatte. Davon musste man auch ab und zu mal ein paar zum Geburtstags-Kaffee oder Komasaufen besuchen, aber der Blick in fremde Wohnzimmer oder Lebensmodelle hielt sich irgendwie noch im Rahmen.

Heute hat man das Gefühl, mindestens das halbe Land persönlich zu kennen. Fast bei jeder hässlichen Hackfresse, die einem über den Weg läuft, rattert es im Kopf: Woher kenne ich bloß diese Ohrfeigenvisage? Von RTL letzten Mittwochnachmittag? Diese 12-köpfige Inzest-Familie aus dem renovierten Ziegenstall im Gewerbegebiet von Rammelsbüttel, wo sich die minderjährige Drillingsmutter bei ihrer cracksüchtigen Oma diese Pilzinfektion geholt hatte und deshalb die Lehre bei dem aidskranken Schamhaar-Friseur abbrechen musste? Oder von Pro7, aus diesem Bericht über den blutjungen trisexuellen Krankenpfleger mit der Schuppenflechte, der immer nackt ohne Sattel auf dem Mountain-Bike durch die Fußgängerzone von Hinterhude fährt und Opernsänger werden möchte?

Der ganze Tag wird einem heutzutage vom fauligen Asi-Realismus des Fernsehens versaut! Früher gab es noch spannende Familienserien aus anderen Welten, mit alleinstehenden bewaffneten Männern und ihren bekloppten Söhnen, die mit einem chinesischen Au-Pair-Koch auf einer Rinderfarm im Wilden Westen lebten. Oder über einen hochbegabten Delfin, der in Florida als Ranger arbeitete. Und wenn es schon unbedingt um einen Arzt gehen musste, dann wenigstens um einen freundlichen Buschdoktor in Wameru, dem von einem bekloppten Affen und einem schielenden Löwen assistiert wird.

Heute allerdings werden wir bombardiert mit der so genannten Realität, mit Doku-Soaps über all die blöden Sackgesichter von nebenan, die wir bislang so erfolgreich ignorieren konnten. Unsympathische lebensunfähige Menschen-Imitatoren mit dem Charisma eines zertretenen Hundehaufens und den intellektuellen Fähigkeiten einer Dose Erbsen, deren Probleme einem im Grunde meilenweit am Arsch vorbei gehen.

Gänzlich unverständlich ist mir allerdings, dass zum Beispiel bei RTLs Top-Reality-Serien wie ‚Mitten im Leben‘ und ‚Verdachtsfälle‘ genau jene Sendungen quotentechnisch am erfolgreichsten sind, die eben nicht aus dem wahren Leben heraus kamen, sondern aus dem schwabbeligen Speckgürtel degenerierter Autorenschädel. Denn neuerdings setzt man auf beinahe allen Sendern nahezu ausschließlich auf geschriebene und von Laiendarsteller-Darstellern dahingestümperte Fake-Stories. Was alles noch viel schlimmer macht. Warum bitteschön soll ich schlecht gemachte Hirnkotze anschauen, die mir die ohnehin miese Realität in noch blöder zeigt, als es sich das echte Leben trauen würde?

Wenn schon Drehbuch – warum dann nicht ein gutes? Wer trinkt freiwillig Urin, wenn er auch Champagner haben kann? Wenn dem Zuschauer irgendwann das Elend schon zu elend ist, warum sehnt er sich dann noch nach extra doofem Elend? Worin liegt der Sinn in Reality-Formaten, die gar keine Reality zeigen? Oder werden wir ohnehin schon längst alle nur von Laiendarstellern gespielt und sind gefangen in einem fiktiven Leben, das irgendein zugekokster RTL-Redakteur morgens beim Kacken geschrieben hat? Manchmal kommt es mir fast so vor.

DAUERNERVHINWEISE

Es ist amtlich (jedenfalls vorläufig): Stefan Raabs Wok WM auf Pro7 muss wegen dem vielen Sponsoring mit der durchgehenden Einblendung DAUERWERBESENDUNG versehen werden. Zum Schutz für die Zuschauer, damit die verstehen, dass die ganze Werbung darin als Werbung zu verstehen ist. Sehr gut. Es gibt ja auch noch nicht genug unnützes Gekrickel im Bild. Und da wir inzwischen ja alle wissen, dass das Publikum ohnehin größtenteils aus einem denkunfähigen Haufen debil vor sich hin sabbernder Allesglotzer besteht, die gar nicht mitbekommen, was da eigentlich vor ihren Augen flackert, ist dies auch äußerst hilfreich. Obwohl ein solcher Warnhinweis dann eigentlich auch bei Wetten dass, Fußball, Formel Eins und allen anderen durch Werbebanner verzierten Sportevents Pflicht sein müsste, in denen die Protagonisten bis auf den Pimmel mit Sponsoren-Hinweisen zugekleistert sind.

Zudem wären ähnliche Einblendungen in anderen Genres ebenfalls ratsam. Bei der unwürdigen Affen-in-Anziehsachen-Serie UNSER CHARLY im ZDF könnte beispielsweise die Markierung DAUERTIERQUÄLSENDUNG nicht schaden. Jedenfalls wenn einem GEQUIRLTE SCHIMPANSENSCHEISSE zu radikal klänge. In den ganzen Quiz-Night-Flipchart-9live-Call-In-Shows ohne Namen oder Inhalt müsste rein rechtlich gesehen so etwas wie DAUERVERARSCHUNG oder BETRUG-A-GO-GO stehen, möglichst in rosa blinkenden Großbuchstaben mit einer Sirene daneben. Unten in der Ecke von Kerner, Beckmann oder Anne Will würde der Zusatz DAUERGESCHWAFEL sicherlich Sinn machen, oder einfach BLA, BLA, BLA!, gegebenenfalls auch ruhig mal einfach ein deutliches FRESSE! Bei den Tagesthemen könnte ich mir höchstens ein BITTE NICHT FÜTTERN vorstellen.

Um es einfacher zu machen, sollte man unter das gesamte dahingerotzte Doku-Reality-Laienschauspieler-Richter-Beratungs-Soap-Sonstwas-Mumpitz-Nachmittags-und-Vorabendprogramm der Privatsender den Universal-Hinweis ENDLOSGENERVE oder DAUERDOOFENSENDUNG kleistern, das passt immer. Bei ARD und ZDF würde für fast den kompletten Tag als einzige Einblendung BITTE LEISE! NICHT WECKEN! reichen.

Überhaupt wären permanente Warnhinweise für das Publikum eine gute Idee, bei Zigaretten hat man sich dazu ja inzwischen auch durchgerungen. Schön wären Sätze wie FERNSEHEN KANN IHREN VERSTAND BESCHÄDIGEN, vielleicht auch DIESE SENDUNG IST FÜR ZUSCHAUER NICHT GEEIGNET oder PROGRAMME WIE DIESES SCHADEN IHNEN UND IHRER UMGEBUNG. Direkt auf das Fernsehgerät sollte WÄHREND DER PROGRAMMAUSWAHL BITTE GEHIRN EINSCHALTEN gedruckt werden. Und universell passend für quasi sämtliche Formate ist immer noch DAS MACHT DOCH ALLES KEINEN SINN!, OH MEIN GOTT! oder ÜBRIGENS: DRAUSSEN LÄUFT GERADE DAS LEBEN! Könnte helfen, oder?

Worte

DIE EHRE
DER FISCHLIS

Wow, das hätte ich dem maritimen Fischkopp-Seniorenstift NDR gar nicht zugetraut! Da tun die immer so freundlich und seriös, aber in Wirklichkeit wuchert der mafiöse Pilz der Korruption unter ihren öffentlich-rechtlosen Zehennägeln!

Da soll doch wirklich deren Fernsehspielchefin Doris Heinze jahrhundertelang hauptsächlich Bücher von ihrem eigenen Ehemann unter falschem Namen (He-Heinz) durchgewunken haben. Nein, wir wollen fair bleiben, es war wohl nicht alles nur Vetternwirtschaft, einige Skripte hatte sie scheinbar auch selbst geschrieben und bei sich unter Pseudonym (Heinz E. Dorris) eingereicht. Was sie manchmal vor lauter Stress und Mittagspausen einfach gar nicht merkte, also keine böse Absicht. Oft wunderten sich die Mitarbeiter allerdings schon, wenn sie mit falscher Nase und angeklebtem Schnurrbart zur Arbeit kam oder stundenlang lautstarke Autorengespräche führte, obwohl man außer ihr nie eine Seele das Büro betreten oder verlassen sah. Man schob es einfach auf gewöhnliche Geisteskrankheit, nicht unüblich beim NDR. Und dass so viele unterschiedliche Autoren alle die gleiche Adresse und Kontonummer hatten, konnte sehr wohl bloßer Zufall sein.

Ganz ‚normale‘, heißt nicht blutsverwandte Autoren, mussten sich hingegen ziemlich anstrengen, bei der Patrona überhaupt vorgelassen zu werden. Wer die Katze auf ihrem Schoß nicht mochte, den Ring nicht küsste oder keine Geschenke mitbrachte, bekam in der Branche keinen Fuß mehr auf den Boden und fand einen abgetrennten Kabeljau-Schädel im Bett. Jetzt stellte sich zudem heraus, dass Lady Fantomas ihr (für den NDR unter wieder anderem

Namen verfasstes) Buch ‚Dienstage mit Antoine' später auch als ‚Dienstage mit Marie' an das ZDF verkaufte. Die kaum merkbare Ähnlichkeit im Titel war verständlicherweise niemandem aufgefallen, man dachte einfach, es handle sich um eine Weiterführung der beliebten NDR-Filme ‚Montage mit Doris', ‚Mittwoche mit Heinzi' und ‚Wochenenden mit mir selber', die außer in der Handlung, den Wochentagen und Dialogen ja auch alle grundverschieden waren.

Doch ganz ehrlich: Sie hat das alles ja nur getan, weil die Bücher sonst wahrscheinlich keiner gekauft hätte, wenn sie nicht für sich bei sich ein gutes Wort eingelegt hätte! Und als Angestellte der Anstalt hätte es dann sogar auch noch weniger Geld für sie gegeben. Da muss man ja betrügen, wenn man nicht gezwungen sein will, ehrlich zu arbeiten. Und wem wurde denn schon geschadet? Nur dem reichen NDR, allen anderen Autoren und dem ohnehin doofen Publikum. Es würde mich nicht wundern, wenn sie auch einige Manuskripte unter dem Namen Robin Hood eingereicht hätte!

So ist es halt, wenn man Kreativität dem Beamtenstatus überstellt. Die besten Ideen werden verschlafen oder totdiskutiert, den Rest verwalten diejenigen, die meinen, sie könnten es im Grunde sowieso besser, wenn es nicht so anstrengend wäre. Und denen bleibt am Ende nichts weiter als der Antrieb, wenigstens all jenen zu schaden, die noch Ideale haben.

CASTING FÜR DIE

Wahre Liebe

30

In Zeiten der Finanzkrise geht es auch den Sendern schlecht, viele schrammen mit dem blanken Hintern an der rauen Schale der Insolvenz entlang, die Werbeeinnahmen brechen ein, oder die fleißig gesparten GEZ-Gebühren wurden in die falschen Wertpapiere angelegt. Für kostspieligere Produktionen ist kaum noch Kohle da, überall muss gespart werden. Umso wichtiger, das verbleibende Restgeld für Sender und Publikum sinnvoll und nutzbringend zu investieren.

So wie Pro7 kürzlich mit dem längst überfälligen Versuch der Zwangsverkupplung von Nervblondine Giulia Siegel. Die hatte sich zuvor durch ihre unerträglich arschige Zickigkeit im Dschungelcamp ja quasi alle Chancen auf einen freiwilligen Lover aus der realen Welt auf lange Sicht verbockt. Blieb also nur das Fernseh-Casting für die große wahre Liebe und einen neuen Vater für ihre Kinder durch GIULIA IN LOVE?!, wie diese Perle des ehrlichen Entertainments sich nannte.

Die ironisch widersprüchlichen Satzendzeichen sollten dabei bereits augenzwinkernd darauf hinweisen, dass dem begattungswilligen Männermaterial zuerst eine Menge an entscheidenden Liebestauglichkeitstests abverlangt würde, angkündigt waren zum Beispiel Tretboot fahren und Karaoke singen. So etwas ist schließlich wichtig für eine spätere gleichberechtigte Beziehung mit fairer Arbeitsaufteilung. Während Giulia Nudeln kocht, kann er ja schon mal Karoke singen. Oder schon mal für sie Tretboot fahren, wenn sie von ihrer DJ-Tätigkeit zu ausgepowert ist und lieber ausschlafen möchte.

Männer ohne Nerven oder allzu hohe Ansprüche konnten sich über mehrere Wochen bei Pro 7 schriftlich oder online für die freie Stelle im gut gekühlten Herzen der televisionären Präsenz-Pestilenz bewerben. Allerdings mussten sie dabei ein paar kritische Fragen beantworten, ungefähr wie:

1. Ich finde Guilia Siegel einfach supertoll, weil
   A) sie eine supertolle Frau ist.
   B) ich sie nicht persönlich kenne.
   C) sie sich auch supertoll findet, und sie muss es ja wissen.

2. Ich finde es klasse, dass Giulia sich nackt für den Playboy ausgezogen hat, weil
   A) ich sie sonst gar nicht kennengelernt hätte.
   B) sie einfach eine supertolle Frau ist, auch mit inneren Werten (Silikon).
   C) die Bilder nicht sprechen können.

3. Wie sieht der perfekte Sonntag für dich aus?
   A) Alles machen, was Giulia gern möchte.
   B) Mit dem Tretboot für Giulia Brötchen holen und ihre Lieblingslieder Karaoke singen.
   C) Fragen Sie bitte Giulia.

4. Wären Sie bereit, für Giulias Kinder
   als Ersatzvater zu fungieren?
   A) Na klar, ich mache das NUR wegen der Kinder!
   B) Ja, und ich würde auch eine Doku-Soap über mich als
      neuen Vater und so mitmachen, wäre bestimmt
      interessant für das Publikum.
   C) Natürlich, einer muss die Kleinen ja vor der
      mediengeilen Mutter beschützen.

5. Warum möchten Sie bei dieser Sendung mitmachen?
   A) Bei ‚Das Model und der Freak' bin ich rausgeflogen.
   B) Diese Gülcan Sichel oder wie die heisst ist voll die
      Liebe meines Lebens, glaub ich.
   C) Wie soll ich denn sonst ins Fernsehen?

Hat dann ja seltsamerweise trotzdem nicht geklappt mit der großen Liebe. Zwar fand das egomanische Liebesluder nach mehreren unerträglich doofen Sendungen voll quälender Kandidaten-Vorführungen irgendwann einen Kurzzeit-Begatter für die finale Romantik-Pop-Woche auf Ibiza, aber der wurde gleich nach der Pflichtkopulation wieder entlassen. Ist nun mal ziemlich schwierig, einen Lover zu finden, wenn man schon so sehr in sich selbst verliebt ist. Man wird auf den eigenen Partner ein Leben lang eifersüchtig sein!

in Love

SEX! SEX! SEX!

Schön, dass Sie doch mal wieder zu einem Buch gegriffen haben! Subtile Titel sind halt oft sehr nützlich.

Wenn man berühmt war oder zumindest einmal ganz kurz am Skrotum des Prominentendaseins riechen durfte, dann ist es für die Psyche oft verdammt schwer, eines Tages plötzlich nicht mehr von jedem angequatscht oder begafft zu werden. Vor allem, wenn man kein übermäßiges Talent hat, sich an der eigenen Intelligenz nicht gerade einen Bruch hebt und der Welt im Grunde rein gar nichts zu sagen hat. Wenn man sich dann in absolut jedem Z-Promi-Doofen-Magazin prostituiert hat und wirklich all das Blabla-Bloggen, Unfug-Twittern und Event-Posing ohne Erfolg geblieben ist, oder aber auch, wenn man ganz generell vor lauter Promigeilheit beim eigenen Spiegelbild in den automatischen Masturbations-Modus verfällt – dann hilft nur noch eines, um wieder beachtet zu werden: SEX!

Hose runter und Geschichten aus dem eigenen Schlüpfer erzählen, egal, ob wahr oder erfunden oder vom Nachbarn, Hauptsache SEX! Will keiner hören, wird aber überall gedruckt und gesendet! Selbst Heino überraschte uns letztens mit der höchst unerbetenen Information, dass er noch dreimal wöchentlich ohne Brille über die Hannelore rubbelt. Danke. Dieses Bild kriege ich jetzt nicht mehr aus dem Kopf.

Besonders im generell eher themendürren Sommer sprießen die Pillermann-Storys aus den Pseudo-Promi-Lenden an die Medienoberfläche wie schorfige Herpes-Furunkel im Herbst. Und was man da nicht alles erfahren muss! Heidi Klum prahlt mit ihrer Dauerriemigkeit und ‚Humpty-Dumpty' nach Pimperfahrplan mit Seal. Präsenzpestilenz Giulia Siegel hat sich nach eigenen Angaben bereits so oft erfolgreich durchnudeln lassen, dass sogar ein ganzes Buch mit Sex-Tipps für GV-Anfänger dabei herauskam. Und Existenz-Exhibitionist Boris Becker hat seine frisch geschwängerte Lilly im Erotik-Interview stolz über ihr (vormals leider viel zu) geheimes Sex-Leben schwärmen lassen. Wow, Bums-Bums-Boris, der alte Pimmelschwinger hat's echt drauf, Respekt, ich war schwer beeindruckt!

Damit ich nicht auch noch vollkommen in Vergessenheit gerate, hier ein paar pikante Auszüge aus einem höchst intimen Geschlechtsverkehrs-Interview, das ich kürzlich mit mir selber führte:

„Mein Sex-Leben mit mir ist immer noch prickelnd. Oft überrasche ich mich selbst im Badezimmer, z.B. beim Fußnägelschneiden oder Zöpfeflechten im Intimbereich, mit ganz verrückten Ideen und denke dann: ‚Wow, wie originell, wo hab ich das nur wieder her!'

Man muss die Beziehung zu sich immer am Knistern halten, deshalb spiele ich oft den ‚Agent Provocateur de Popo' und ziehe mir aufregende Sachen an, z.B. Anglerhosen mit Strapsen drunter oder sehr alte gebrauchte Unterhosen. Oder ich wickle mich ganz in Klopapier ein und schaue, was passiert. Wenn ich unterwegs bin, spreche ich mir manchmal einfach ein paar versaute Sachen auf die Mailbox und fummel beim Abhören unkoordiniert an mir rum.

Ich denke, wenn man reifer ist, fallen einfach alle Hemmungen. Als mein Liebhaber gebe ich mir eine Eins plus plus in Gold mit Sternchen. Ich glaube, ich besuch mich gleich noch mal im Bad und schreibe mir einen Liebesbrief. Und später noch schnell ein Buch. Hauptsache, ich stelle nicht wieder versehentlich mein privates Nudelgymnastik-Video ins Internet, hihi."

Abdruck kostenfrei!

MEIN LEBEN ALS FILM

Irgendetwas mache ich falsch. Manchmal wache ich morgens auf und sehe mit Bestürzung, dass kein einziges Kamerateam in meinem Schlafzimmer steht, und dann denke ich: Vielleicht bin ich gar kein richtiger Promi! Vielleicht bin ich nur einer von diesen komischen Normalos, die ja anscheinend überall da draußen rumlaufen. Die keine Sau kennt und die in ihrem ganzen Leben noch nicht mal wen vom mdr bei sich in der Wohnung hatten.

All diese seltsamen Leute, die tagsüber arbeiten, den Müll entsorgen, das doofe Brot backen, das wir fressen müssen oder nach einem Mittel gegen Krebs forschen und all so ein Scheiß, aber die man nie bei wirklich wichtigen Sachen sieht, wie auf der After-Show-Party von Germanys Next Top Model oder so.

Es hat sich nun mal vieles geändert in der Welt. Der Sinn des Lebens ist nicht mehr, selbiges erfolgreich zu überstehen, sondern dass andere einem dabei zusehen. Dadurch wird man berühmt, respektiert und zum Vorbild für andere.

So wie Sarah und Marc beispielsweise, die erst eine ganze Serie lang in love waren, in der emotional gesteigerten zweiten Staffel sogar crazy in love, und danach verständlicherweise madly divorced, allerdings das dann größtenteils ohne Kamera. Da konnte man als unwichtiger Horst von nebenan mal sehen, wie verdammt schwer das sein kann, dieses verrückte Showleben und den manchmal ganz schön stressigen Alltag unter einen Hut zu kriegen. Und dass das gar nicht so leicht ist, mit all dem Geld und der Aufmerksamkeit sinnvoll umzugehen, wenn man eigentlich gar nichts zu sagen hat, und wenn trotz des vielen Krachs um einen herum am lautesten das Echo der inneren Leere widerhallt.

Oder nehmen wir mal diese Jana Dingsbums und ihren grinsenden

Typen, dessen Namen man immer vergisst, weil er nur mal kurz in irgendeiner dieser Casting-Hüpf-Combos mitgetanzt hat. Die haben das genau richtig gemacht: Erst ließen sie sich von Pro7 während ihrer kompletten Hochzeit begleiten, dann noch intensiver während Schwangerschaft und Geburt, und später beim Eröffnen der eigenen Pizzeria. Wobei interessant war, dass mit zunehmender Penetranz das ohnehin nicht übermäßige Interesse der Zuschauer immer geringer wurde. Schon frustrierend, wenn man erkennen muss, dass man einfach nicht wirklich prominent wird, egal wie oft und wie laut man es behauptet.

Es gibt nun einmal viel zu viele Prominenzlinge, die sich ungefragt in unser Leben drängen, obwohl sie eigentlich keiner kennt und vor allem niemand kennenlernen will! Ein schönes Beispiel für diese Kategorie sind auch immer wieder die Effenbergs, die nach diversen höchst öffentlich ausgebreiteten Trennungen für ihre eigene Doku-Soap sogar extra doch wieder zusammenblieben und in eine neue Wohnung zogen. Hammer-Story für 'ne Serie, keine Frage: sich nicht trennen und dabei Umzugskartons einpacken! Wundert mich, dass Hollywood sich da noch nicht gemeldet hat. Aber obwohl sie wirklich alles versuchten, ihr verkorkstes Leben im Bewusstsein der eigenen

Bedeutungslosigkeit noch irgendwie erträglich fürs funverwöhnte RTL-Publikum zu inszenieren, ging es trotzdem in die Hose und wurde nicht geguckt. Traurig für sie, Hoffnung spendend für uns. Genetisch lebensunfähige Exemplare des Promi sapiens in Arbeitssituationen der gewöhnlichen Normalo-Nulpen zu begeben ist bei einigen Sendern allerdings besonders beliebt. Collien und Gülli auf dem Bauernhof zum Beispiel, das war echt spitze: zwei knalldoofe Blödmäuse mit Stöckelschuhen beim Kuhkacke-Stapeln. Da konnten die ganzen Bauern mal endlich lernen, wie uncool ihre Existenz eigentlich ist, im Gegensatz zu der von den so flippigen Girlies wie den zwei hirntoten Power-Pussys.

Ein weiterer großformatiger Flop war auch der 'Comedy-Zoo', wo A-List-Super-Promis wie Gülcan (again), Sonya Kraus, Gina-Lisa und Ross Anthony einen funny Tag im Tiergehege arbeiten mussten. Granatenmäßig, von solchen Formaten kann es gar nicht genug geben! Für viele der Beteiligten war es ja auch sicher schön, im Affenhaus und Schweinekäfig mal ein paar alte Verwandte wiederzusehen. Wurde aber wegen extremer Scheißigkeit und desaströser Quoten nach nur zwei Folgen wieder abgesetzt. Mein Vorschlag für die Zukunft wären übrigens noch das Comedy-Scheißhaus und die Promi-Pissrinne, kann man ganz billig im Bahnhofsklo drehen, superlustig.

Auf jeden Fall sollte sich so langsam mal jeder Mensch Gedanken machen, wie und für welchen Sender er seinen Alltag fernsehtauglich aufarbeiten könnte. Das Ziel muss sein: Auch wenn man im Leben absolut nichts geleistet hat – wenn man tot ist, sollte Gott einen wenigstens nach einem Autogramm fragen!

WANDERN MIT DER KANZLERIN

Ein uralter Traum eines jeden Deutschen: nur einmal mit seinem Lieblings-Politiker gemeinsam in den Urlaub fahren! Wie viele sympathische arbeitslose junge Männer mit Migrationshintergrund und Jugendknast-Erfahrung würden beispielsweise gern mal mit Roland Koch in die Lüneburger Heide Zelten fahren, zu 14 Tagen Komasaufen und zwangloser Gruppendiskussion über Integration und Studiengebühren.

Die meisten Familien mit mehr als 6 Kindern träumen vom Pilgern mit Gregor Gysi, Schnorcheln mit Guttenberg oder Para-Gliding mit Horst Köhler. 78% aller unverheirateten Männer über 45 hingegen, die noch bei ihrer Mutter wohnen, würden sich für eine Woche Robinson-Club mit Mama und Guido Westerwelle entscheiden. Immerhin 0,01% der Gesamtbevölkerung über 85 könnte sich einen lustigen Sommer auf Balkonien bei Stammelmaxe Edmund Stoiber und seiner Muschi vorstellen. Weniger Interessenten zeigten sich bislang nur für die Au-Pair-Begleitstelle beim Family-Campingurlaub mit Ursula von der Leyen oder das Swingerclub-Hopping mit Ronald Pofalla.

Das oder Ähnliches ergab jedenfalls vor kurzem eine ziemlich repräsentative Umfrage zu diesem Thema. Unangefochten auf Platz 1 allerdings hielt sich ‚Wandern in Südtirol mit Angela Merkel' – und das ist natürlich mehr als verständlich. Erstens wandert der Deutsche schon rein genetisch bedingt gern wie ein Verrückter in andere Länder ein, zweitens würde man gerade als Mann einfach alles mitmachen, um eine Frau wie Angelina Jolie oder die Kanzlerin zu beeindrucken, und drittens hätte fast jeder Mensch gern einmal ein Stück vom süßen Kuchen der Macht, und sei es nur durch temporäres Mitlatschen im Schatten der Herrscherin. Zu Zeiten der Großen Koalition lag die Easy Rider-Motorrad-Tour mit Peter ‚Fonda' Struck deshalb immerhin noch auf Platz 2, während der gemütliche Urlaub mit Kurt Beck in der Pfalz meist ganz hinten auf der Liste landete, was ein weiteres Mal die Schäbigkeit des ge-

Letzte meinen Volkes offenbart. Pfeifend durch die Botanik marschieren

mit der Numero Uno des Landes und arschkriecherische Wander-
lieder singen, klar, Hauptsache man spaziert mit den Gewinnern.
Aber mit einem fusseligen Loser-Bären zwei Wochen beim abend-
lichen Depri-Bier den Frust aus der Gesichtsbehaarung spülen, bis
die rote Nase glüht, das ist zwar menschlich prima, aber halt bei
weitem nicht so hip und crazy wie Berg-and-Tal-Walking mit der
Kanzlerin oder Mofa-Fahren mit Strucki. Sehr traurig.

Schön allerdings, dass überhaupt darüber nachgedacht wird, was
man mit Politikern während der Ferienzeit alles so machen kann.
Aussetzen an der Raststätte oder einschläfern darf in der heutigen
Zeit einfach keine wirkliche Option mehr sein, da ist der betreute
Urlaub mit den geschätzten Wählern zumindest die humanere Va-
riante.

Man sollte aber auf jeden Fall auch über den Verbleib der restlichen medialen Promi-Wucherungen nachdenken, die keine Be-
schäftigung mehr haben, sobald das Fernsehen den Kopf ins
Sommerloch hält. Vielleicht finden sich ja ein paar freundliche
Zeitgenossen, die einige von ihnen temporär aufnehmen könnten.
Eine Woche Rudelbumsen mit Tatjana Gsell in Bitterfeld, Karaoke
mit Peter Kloeppel am Ballermann oder ein paar Tage mit Gina Lisa
bei der Brust-OP das Hirn baumeln lassen. Ganz egal. Ein Kurztrip
an die Nordseeküste mit Otti Fischer als Wanderdüne, Gurkenja-
gen im Spreewald mit Achim Mentzel oder mit Veronica Ferres,
vier Visagisten und zwölf Kamerateams in irgendein Dorf mit traurigen hungrigen Kindern. Notfalls sonst einfach ein Wochenende
irgendwas irgendwo mit irgendeinem von Heidi Klums dünnbrett-
gebohrten Top-Model-Gestellen, die fressen ja auch fast nix. Wer
meldet sich freiwillig?

BILD DER FRAU

Gott sei Dank, dass endlich diese ganze blöde Emanzipationsschei-
ße vorbei ist und die Weiber nicht mehr darum kämpfen, ernst
genommen oder respektiert zu werden! Mann, das war echt Stress,
sich immer anhören zu müssen, Männer und Frauen seien doch
schließlich irgendwie gleich, und die Mädels seien nicht nur zum
Angucken und Heiraten da, sondern auch als Individuum was wert
und all dies intellektuelle Blablabla. Dank dem Fernsehen ist das
zum Glück vorüber und die Frauenzimmer wissen endlich wieder,
was ihre Bestimmung ist: dem Manne zu gefallen und zu tun, was
dieser befiehlt! Denn schlendern wir einmal quer durch die aktuellen Programme, so erkennen wir, dass sich ein Großteil der
überhaupt noch stattfindenden Eigenproduktionen um die Frauen
und ihre neue Rolle in der Gesellschaft dreht.

Pro7 beispielsweise blies die gesamten letzten Ferienmonate über
zur schmierig-stumpfsinnigen Jagd nach dem SOMMERMÄDCHEN,
was übersetzt so viel heißt wie ‚Willige Weiber – jung, geil und
ohne Widerworte'. Schwanzerfreuende Doofenspiele ohne Sinn und
Verstand für zeigefreudige Bikiniluder, die aus Mangel an anderen
Fähigkeiten durch einen Auftritt im Fernsehen auf den kurzzei-
tigen Anstieg ihres Marktwerts in der Dorfdisco hoffen. Hübsch
aussehen, tun, was einem gesagt wird und bereit sein für Demü-
tigung – so war man als Frau auch vor hundert Jahren schon eine
sehr gute Partie!

Das gleiche Prinzip, das auch Formate wie GERMANYS NEXT TOP
MODEL seit vielen Jahren vorleben, nur dass einem dort noch die
lächerliche Illusion von Glück durch Ruhm und Reichtum vorge-
gaukelt wird. Leichter zu erreichen allerdings als beispielsweise
bei DSDS, wo man dummerweise noch ein Gesangstalent mitbrin-

gen muss, wo es bei Laufsteg-Domina Heidi Klum hingegen aus-
reicht, wenn man ohne Widerworte selbst die schwachsinnigsten
Befehle befolgt und mit Sexappeal geradeaus laufen kann, ohne
dabei hinzufallen oder hässlicher zu werden.

Von der Struktur her nicht unähnlich der erfreulicherweise recht
kurzlebigen MISSION HOLLYWOOD bei RTL, jenem glücklosen
Schweiger-Schnitten-Casting, bei dem durch Strippen, Fake-Orgas-
men und Zungenküsse nach der nächsten internationalen Super-
schauspielerin gesucht wurde, allerdings mehr Richtung Gina Wild
als Meryl Streep.

Präziser auf den Punkt brachte es natürlich der erbärmliche Sat1-
Weibchen-Flohmarkt GRÄFIN GESUCHT, wo sich bereits mehrfach
jede Menge Schwächergeschlechtlicher auf die Stelle als Lebens-
abschnittsgefährtin eines allein gebliebenen Adelsarmleuchters
bewerben durften. Ist ja auch schon was, so ein Graf, denn ein
Arsch mit von ist immer noch besser als einer ohne Präposition.

Wenn eine junge Dame des dritten Jahrtausends im Fernsehen nicht lukrativ verpartnert werden soll und stattdessen zur
Hauptdarstellerin wird, ist das allerdings oft fast noch gruse-
liger. Denn wer möchte schon, dass sich junge Mädchen jemand
wie zum Beispiel Giulia Siegel als Vorbild aussuchen. Die glauben
dann, feminine Selbstständigkeit und Erfolg wären gleichzusetzen
mit arroganter Zickigkeit, doofer Selbstverliebtheit und blonder
Blödlaberei. Und einen Typen zur gelegentlichen Begattung findet
man auch dann nur, wenn man aus der eigenen Schlüpferstarre 'ne
Doku-Soap macht.

Wie auch immer – darf man den Sendern Glauben schenken, sind
Frauen jedenfalls deutlich primitiver und anspruchsloser als wir
Männer es uns je zu glauben trauten. Und da heißt es immer, im
Fernsehen würde man nichts Vernünftiges lernen!

Worte

KOCHSENDER

Eigentlich sollen die Politiker laut Verfassung ihre schmierigen Manipuliergriffel ja gefälligst aus den Medien raushalten, aber über solch fromme Wünsche können die machtverwöhnten CDU-Zwerge im ZDF-Verwaltungsrat nur herzhaft lachen!

44

Nach vielen Monaten mühsamen Mobbings wurde deshalb unter der Führung des verkniffenen Hessenwichtels ROLAND KOCH dann doch eines Tages endlich der politisch unbequeme Chefredakteur Nikolaus Brender mit eleganter Großkotzigkeit aus seinem Amt entlassen. Natürlich nur aus Sorge um die Qualität des Programms, hüstel hüstel.

Wieder ein störender Rest journalistischer TV-Kompetenz verkocht, Gratulation! Darauf eine Extrarunde Traumschiff und einen Furz ins Forsthaus Falkenau!

HA-HA-HAKENKREUZ!

In ihrer unfassbaren Doofheit sind sie manchmal schon fast niedlich, die putzigen Call-In-Knalltüten von 9LIVE! So sendeten sie kürzlich in ihrem Betrugsversuchsprogramm versehentlich ein WORTRÄTSEL IN FORM EINES LEIDLICH MISSGLÜCKTEN HAKENKREUZES.

Grafik: 9LIVE

Konnten dann die Verwunderung der Zuschauer darüber allerdings nicht verstehen, Zitat: ‚Wir saßen nach dem Hinweis zu sechst um den Bildschirm herum und haben nicht erkannt, was das Problem sein soll!' Was ich den Hilfsbunken vom Beschisskanal sogar durchaus abnehme. So blöd wie die sich dort alle immer geben, das kann man ja gar nicht spielen. Glauben wir also der Sendersprecherin, die meinte: ‚Man braucht schon viel Fantasie, um da etwas reinzuinterpretieren!' Stimmt, Fantasie oder einen Schulabschluss.

RESTWARE

Schön zu sehen, wie langsam die imaginären Grenzen zwischen den Sendern immer mehr verschwimmen. Weil ihre Serie DIE ANWÄLTE bei RTL nur so mittel lief, setzte man sie dort in wohl durchdachter Panik nach nur einer einzigen Folge komplett ab. War wahrscheinlich für ihre sabbernden Allesglotzer qualitativ einfach zu hochwertig, wie man später selber meinte.

Deshalb verkaufte man sie überraschenderweise einfach an den vorherigen Klassenfeind ARD, damit man sich dort mit dem selbst gemachten Quotengift rumärgern konnte. Was man auch tat, denn wie meist fehlte die zündende Idee, wie und wo man die Serie adäquat im Restgewölle verstecken sollte und schaffte es, sie ebenfalls ins öffentlich-rechtliche Flop-Nirwana zu senden.

War trotzdem im Grunde eine gute Idee: RTL war endlich ihren zu klug geratenen Streberkrimi los und die ARD hatte, ohne es zu wollen, plötzlich eine gute Serie. Wieso tauschen die beiden eigentlich nicht generell ihre Programme? Die meisten Soap-Familien-Schmonzetten vom Ersten sind ohnehin weit unter GZSZ-Niveau, und RTL produziert versehentlich immer mal wieder was Intelligentes. So wäre allen geholfen!

Worte

ENDE DER VORSTELLUNG

Weihnachten wird nie wieder so sein, wie es früher mal war!

Im Dezember 2009 gab die ARD völlig überraschend bekannt, wegen schrumpfender Einschaltquoten zum ersten Mal seit über hundert Jahren am zweiten Feiertag keine neue Folge von STARS IN DER MANEGE auszustrahlen, nur ein popeliges Best of aus glorreicheren Zeiten. Und ob wir überhaupt jemals wieder so bezaubernde Momente wie Nina Ruge auf der Ferkelpyramide oder Verona Pooth beim Finanzhaie-Bändigen erleben dürfen, steht in den Sternen. Die Käfigtiere weinen bitterlich, Zirkuspferde laufen seit Wochen ohne Federn auf dem Kopf panisch im Kreis und diverse dressierte Pudel haben sich bereits selbst mit der Dompteurspeitsche aus dem Löwenzwinger erdrosselt, was soll jetzt aus ihnen allen werden? Und wie sollen wir uns die nächsten Jahre standesgemäß und traditionsbewusst zum ausklingenden Christfest kollektiv zu Tode langweilen? Sehr verantwortungslos, liebe ARD!

DAS LETZTE

Erinnern Sie sich noch an DAS VIERTE? War mal ein ambitionierter kleiner Sender, der sich mit Serien und Spielfilm-Klassikern unsere Herzen und Platz 4 auf der Fernbedienung erobern wollte.

Dann ließ er sich von russischen Investoren kaufen, bekam ein pseudomodernes Roboter-Design und die Ankündigung, bald ein richtiges Vollprogramm zu werden.

Momentan jedoch laufen außer ein paar ranzigen Filmresten fast ausschließlich Gospel-Shows, Astro-TV, Titten-Clips, Reiseverkaufs-Sendungen und Teleshopping, neuerdings sogar in der Primetime. Klingt für mich weniger nach „Schalt mich ein!" als vielmehr nach „Lösch mich aus dem Senderspeicher!"

PROMI-TAUSCHBÖRSE

Nur damit Sie beim Zappen nicht verzweifeln, weil seit einiger Zeit plötzlich keine bekannte Sendergrinsefresse mehr zu seinem Heimatkanal zu gehören scheint, hier der ziemlich aktuelle Stand der Promi-Krötenwanderung: KERNER, der jugendliche Frechdachs vom ZDF, ging zu Jungmutti-Charmeur SAT1, wo jetzt auch der POCHER rumalbert (der vorher bei PRO7 und der ARD herumlungerte) und wo KAI PFLAUME noch immer lieben und tanzen lässt, obwohl er schon lüstern zum alten Kerner-Sanatorium schielt, in dem sich jetzt allerdings MARKUS LANZ breitmacht, den Sie ja wahrscheinlich noch von RTL her nicht kannten, und der sich nun mit PILAWA um die schönsten Plätze kloppen muss, weil der gerade als Kerner-Surrogat vom Erstbesten zum Prothesensender gewechselt hat.

Inhaltlich ändert sich aber nichts. Alles klar?

HOTEL DES GRAUENS

Chapeau, ARD! Nur einen Tag, nachdem das ZDF den hauseigenen Gottschalk mit Reich-Ranicki über intellektuelles Fernsehen und die doofen Privaten schwafeln ließ, schüttelte das Erste mal ganz lässig die wahrscheinlich größte Scheiße des gesamten Millenniums aus dem Entertainment-Ärmel: DAS MUSIKHOTEL AM WOLFGANGSEE!

Patrick Lindner als Besitzer einer heruntergekommenen Bumsbude im Salzkammergut, Sascha Hehn als schmieriger Schweinehund, Karl Moik gibt den knödelnden Bürgermeister und alle fünf Minuten fängt irgendein Idiot an zu singen, ohne dass ihm einer dafür auf's Maul haut. Eine Zeitreise ins Pleistozän der Doofen-Unterhaltung – so blöd und stümperhaft hat man Fernsehen schon lange nicht mehr gesehen. Eine Produktion, die dem Wort „Scheißfilm" wahrlich eine neue Tiefe bescherte!

ENDLICH
WIEDER
OSTERN!

Ostern wird unterschätzt. Das kommt ja quasi so gut wie jedes Jahr und ist immer wieder ein tolles Fest. Im Grunde genau wie Weihnachten, nur halt anders. Farblich gesehen eher Richtung Grün mit Bunt statt Rot und Weiß. Der fette Weihnachtsmann wird ersetzt durch den ähnlich unsinnigen, doch ungleich schlankeren Osterhasen, den man mit dem Kollegen Osterlamm praktischerweise auch gleich zum Fest verspeisen kann. Geschenke werden hier ebenfalls gebracht, allerdings erschreckend weniger, weil das mickerige Köttelkarnickel in seinem Korb nicht so viel transportieren kann wie Santa mit dem prallen Sack.

Durch den weihnachtsbedingten Tannenmangel im Frühjahr gibt es keinen offiziell lokalisierbaren Ablageplatz für die Präsente, weshalb man sie einfach überall in die Gegend wirft und aus dem affigen Gesuche danach noch 'ne große Nummer macht. Die wahrscheinlich irgendwann im Vollsuff entstandene Legende will es so, dass es sich bei ihnen in erster Linie um Eier handelt. Da es aber ziemlich unromantisch ist, jemandem zum Fest eine farblose Knolle zu schenken, die gerade irgendein doofes Huhn aus dem Arsch gedrückt hat, müssen diese bunt bemalt oder durch Schoko-Placebos ausgetauscht werden. Sinn macht das alles keinen, aber es bleibt faszinierend, wie die Menschen es schaffen, wirklich jedes festliche Ereignis der Weltgeschichte durch ein paar bekloppte Rituale auf Doofen-Niveau runterzukloppen.

Das Fernsehen haut ebenfalls mächtig auf die Kacke, vor allem mit vielen großen Spielfilmen, teils sogar als Erstaufführungen und dann meist gleichzeitig gegeneinander. Besonders gerne werden rund ums O-Fest immer alle ollen Sandalenschnulzen und Bibelfilme gesendet, die für Heiligabend zu grausam sind, denn da will man ja eher so schmalzige Kuschelrock-Schneeschnulzen mit Kaminknistern, in denen die Bösen ihren Opfern am Ende selbst den Gänsebraten kaufen und schriftlich um Verzeihung bitten.

Karfreitag hingegen kann man auch ruhig mal zünftig das Blut spritzen lassen, so mit unschuldig verfolgten Christen, die im alten Rom von Löwen gefressen werden, und irgendwer zeigt bestimmt auch wieder den Jesus-Kreuzigungs-Splatter von Mel Gibson. Aber das liegt nun mal an den Anlässen der Feste – Weihnachten ist Kindergeburtstag, Ostern ist Beerdigung plus kollektives Schuldgefühl. Wenn Sonntag nicht der lustige Eierhase vorbeihoppeln würde, hätten sich wahrscheinlich noch vor dem Epilog mit der Auferstehung die meisten im Wohnzimmer aufgehängt.

Der Rest des Programms besteht alljährlich meist aus den gewohnt austauschbaren Armleuchter-Mega-Show-Events wie ,Das große Promi-Eiersuchen/-verstecken/-kaufen/-kochen/-bemalen/-ausblasen/-bewerfen', die ,Giga-Oster-Hits zum Mitsaufen' und jeder Menge nutzloser Dokumentationen über das größte XXXXXL-Omelett der Welt bei Gallileo oder ,Hitlers hohle Eier' von Guido Knopp im ZDF. Und Freunden des billigen Kalauers bleibt zu Ostern immer noch der Griff zum Western. Ei, wie lustig!

GEHEIME WAFFENLAGER

Da bekam ich als überzeugter Pazifist doch schon ein bisschen Angst, als ich neulich quer durch die Boulevard-Gazetten lesen musste, dass Markus Lanz die neue ‚Geheimwaffe des ZDF' sein soll! Ehrlich gesagt war mir die heimliche medial-militärische Aufrüstung auf dem Lerchenberge bislang glatt entgangen. Bis zu diesem Zeitpunkt hatte ich in der idealistisch verblendeten Hoffnung gelebt, die Zeit des Kalten TV-Kriegs sei vorbei, und wir Zuschauer müssten keinen atomaren Schlagabtausch zwischen den Tele-Supermächten mehr fürchten. Doch Pustekuchen!

Enttarnt wurde die fulminante Kraft des lethalen Lanzinators anscheinend endgültig durch seine Übernahme diverser Altlasten des desertierten Alteisen-Geschützes J.B.Kerner, dessen Sendeplatz er schon während seiner Sommerpause erfolgreich gegen feindliche Sabotageversuche sowohl gegnerischer Unterhaltungsprogramme als auch interner Blindgänger zu verteidigen wusste. So ist Sir Lanzelot nun also vom Publikum fast unbemerkt zur geheimen Superwaffe des ewig Zweiten geworden, wobei noch nicht bekannt wurde, ob es sich bei ihm um eine Mittelmaßstreckenrakete, eine Lanzmine oder einen Arschflugkörper handelt.

Alles ist erlaubt im Fernsehen und im Krieg, sagt der Volksmund. Und wie es aussieht, scheinen die Armeen der diversen Anstaltsstaaten sich auf einen harten und unsauberen Kampf vorzubereiten. ARD und ZDF drohen schon seit Jahren mit Beckmann- & Gottschalk-Dauereinsatz bis hin zu schmutzigen Carmen-Nebel-Bomben, Borg-Angriffen und tödlichem Silbereisen. SAT1, Pro7 und RTL halten das Gleichgewicht der Abschreckung aufrecht mit

Massenverblödungswaffen wie den Stimmungsraketen Schreyl oder Pflaume, Geschützen der Marke S-Kraus und S-Zietlow, oder Humorangriffen auf Bodenhöhe von Paul Panzer. Selbst wenn sich die kostspielige Kerner-Bombe letzlich als fataler Rohrkrepierer erweisen musste.

Die kleinen angrenzenden Sender dazwischen, ohne eigene Streitmacht, von Vox über Kabel 1 bis RTL2, spielen dabei kaum eine Rolle. Sie müssen sich als Verbündete lediglich darum kümmern, die Kollateralschäden zu versenden und angeschossene Quotenopfer aufzunehmen. Ähnlich wie bei den Öffentlich-Rechtlichen beispielsweise der mdr, der sowohl als Kriegsgefangenenlager herhalten als auch gleichzeitig den Versehrten und Veteranen ein staatliches Gnadenbrot anbieten muss.

Machen wir uns nichts vor, sollte es zu einem Krieg der Sendeanstalten kommen, wird er grauenvoll sein und vor allem unter den zivilen Zuschauern verheerende Opferzahlen mit sich bringen. Es ist schon furchtbar genug, sich die wenigen U-Waffen-Einsätze anzuschauen, die regelmäßig als reine Abschreckung versendet werden. Niemand mag sich die entsetzlichen Ausmaße vorstellen, würde es auf Seiten einer der medialen Großmächte zu einem nuklearen Entertainment-Erstschlag kommen, indem beispielsweise das ZDF zur Vollzeit-Belanzung des Programms greifen würde. 24 Stunden fehlerfreie Charme-Überstrahlung und boulevardjournalistischer Kompetenz-Overkill mit immer korrekt sitzender Frisur, 7 Tage in der Woche. Es würde die gegnerischen Sender für immer in die Quoten-Knie zwingen, die Konkurrenz aus den Funkhäusern treiben und eine auf Jahrhunderte unbewohnbare Wüste der Verzweiflung hinterlassen. Vielleicht sollten wir das Publikum doch wieder einmal zu Großdemonstrationen aufrufen. Die ‚Petting statt Pilawa' und ‚Make Love, Not Lanz!' – Plakate hab ich schon fertig!

IMMER WIEDER NOCH EINMAL

Wenn die launische Gegenwart ins Stocken gerät und irgendwie nicht mehr so aufregend erscheint wie die inzwischen so erfolgreich schön gesoffene Vergangenheit, versucht man meist krampfhaft, letztere möglichst originalgetreu wieder auferstehen zu lassen. Also das heißt natürlich nicht ganz so wie damals, sondern viel cooler und moderner, nur billiger und schlechter. Ohne den Reiz des Neuen und mit der Überheblichkeit des vermeintlichen Besserwissens. Geht verständlicherweise fast immer in die Hose, ist aber trotzdem einfacher, als sich etwas Eigenes auszudenken. Im Fernsehen passiert das immer dann, wenn die Verzweiflung richtig groß ist und man wirklich nicht mehr weiter weiß. Also in regelmäßigen und immer kürzer werdenden Abständen. Und gerade jetzt.

Da häufen sich dann plötzlich die Meldungen über alle möglichen Murks-Formate von früher, die ungewollt und ungefragt plötzlich wieder neu aufgelegt werden sollen, weil sie angeblich ja mal so toll waren. So wie DER PREIS IST HEISS, jene hektisch überdrehte Volltüten-Parade, in der intelligenzresistente Primaten die korrekten Preise aus dem letzten Aldi-Prospekt ins Mikrofon brüllen mussten, und das Publikum dann in wilder Ekstase ausrastete, wenn Opa Furznuss eine Wagenladung Trockenpflaumen gewann, weil er wusste, wie viel eine Tube Rosettenreiniger kostet. Pures Entertainment!

Oder DIE 100.000 MARK SHOW, jene einstmals noch schockierend extreme Game-Show, weil die Kandidaten sich dort besonders heftig zum Affen machten mussten. Heute allerdings harmloser

Kindergarten-Spaß gegen den inzwischen üblichen Standard der Selbstentblödung, und in dem versuchten RTL-Euro-Comeback gnadenlos an die Wand gefahren. Dafür bastelt man nun an der Rückkehr von VERZEIH MIR, der tränenreich-überkitschten Vergebungs-Orgie der frühen 90er, damals mit Ulla Knapp im Schritt und Zwiebel in der Bluse. Gibt ja immer noch genug, wofür man sich über den Sender entschuldigen kann, zum Beispiel gleich mal beim Publikum für das eigene Programm.

RTL2 versucht es derweil mit einem Revival der HITPARADE, was allerdings kaum den antiquiert-verschnarchten Charme des ZDF-Originals versprüht, sondern vielmehr das stampfende Mitgröhl-Feeling vom Ballermann im Vollsuff. Ähnlich schwierig wie es wahrscheinlich die frisch pilotierte Neuauflage des knuffigen Kuppelklassikers HERZBLATT haben wird – aber schlüpfrige Redakteursfragen und krampfig aufgesagte ‚Spontan'-Antworten der Kandidaten-Darsteller sind heute halt auch nix Neues mehr. Zugegeben, immer noch besser als der pissdoofe Fake-Reality-Doku-Dreck, der sonst gerade rund um die Uhr läuft, aber das sollte nicht immer als Ausrede herhalten.

Irgendwie fühle ich mich, als wäre ich an Bord der Enterprise in einer debilisierenden Zeit-Anomalie gefangen, in der für mich die Vergangenheit von minderbegabten Laiendarstellern in Dauerschleife nachgespielt wird, während mir die reale Zukunft allerdings so blöd erscheint, dass ich sie gar nicht wirklich erleben möchte. Beam mich hier weg, Scotty! Weiß nur nicht wohin ...

KRANKENAKTE
KARNEVAL

Eines der faszinierendsten und unerklärlichsten Phänomene, das unsere im Grunde doch leidlich zivilisierte Gesellschaft bereits seit Ewigkeiten beschäftigt, ist der so genannte ,Karneval'. In einigen Gegenden auch bekannt als Fastnacht, närrische Zeit, Fasching oder Arschbunkentage.

Sind die heidnischen Rituale zur Ausübung des kulturverächtlichen Kults auch regional verschieden, so liegt ihnen doch dasselbe ideologische Fundament zugrunde: die Bildung einer Legitimation für unkontrolliertes Saufen, bis die Leber platzt. Außerdem für ein Verhalten in der Öffentlichkeit, das zu anderen Zeiten Inhaftierung, geschlossene Psychiatrie oder zumindest ganz kräftig eins in die Fresse bedeuten würde.

Volksetymologisch betrachtet sind die mannigfaltigen unterschiedlichen Termini für diesen Kult höchst interessant, fanden die Sprachforscher in ihnen doch zahlreiche Wortstämme, deren Entlehnungen auch einige Erklärungen für die inhaltliche Ausrichtung der praktizierten Bräuche liefern könnten. So finden wir im Wort ,Karneval' sowohl lateinisch carne = Fleisch, als auch Kannibale oder val als Kurzform von Vandalismus. In ,Fasching' erkennen wir das Zusammenfließen zahlreicher multilingualer Begriffe wie beispielsweise Faschismus, Fass, Schinken, Arsch und Fucking. Der Terminus Fastnacht hingegen ist belegt als formelhafter Abschluss einer zu dieser Zeit häufig benutzten, auffordernden Redewendung: ,Komm, Mädchen, lass uns bumsen, es ist fast Nacht!'

Betrachten wir in diesem närrischen Ausnahmezustand die Fernsehbilder der Prunksitzungen, Straßenumzüge oder sonstigen

Übertragungen aus den organisierten Humorvernichtungslagern, so lässt sich beim Großteil der Teilnehmer trotz aller scheinbarer Ausgelassenheit ein starker Wunsch nach einer exakten, militärisch anmutenden Reglementierung der Spontaneität erkennen. Strukturierte Anarchie nach Plan, die keine Zufälle zulässt und sich von ehrlichem Frohsinn deutlich distanzieren möchte, also Heiterkeit mit strenger Hand. Spaß soll schließlich keinen Spaß machen.

Wissenschaftler wollen für diese mysteriösen Verhaltensweisen der Menschen nun endlich die Ursache in ihrem Erbgut entschlüsselt haben. So wurde dort kürzlich ein bislang unbekanntes Jecken-Chromosom entdeckt, das sich vervielfältigen und in Polonäse-form an der Doppelhelix des DNA-Moleküls festsetzen kann, vermutet man. Wird es aktiv, so reduziert es die Hirnaktivität auf ein Minimum, erhöht allerdings überproportional die animalischen Sauf-, Gröhl- und Begattungstriebe. Häufig in Kombination mit einer Einschränkung des Sprachzentrums, die zu sinnfreiem Lallen oder bemühten Artikulationsversuchen in kindlichen Reimstrukturen führt.

Noch wird aber untersucht, ob es sich wirklich um ein J-Chromosom oder doch nur um einen ansteckenden parasitären Virus handelt, der bei Doofheits-Immunität viele Jahre inaktiv bleiben kann. Ein Heilmittel ist bislang nicht in Sicht, allerdings konnten mit dem Einsatz von Vernunft und gesundem Menschenverstand erste Erfolge gefeiert werden.

Wir wünschen allen Betroffenen an dieser Stelle gute Besserung!

BRIEF
AN DIE REGIERUNG

Wenn einer anfängt zu betteln, kommt auch der Rest angeschissen. Das merkte auch unsere Große Koalition der Herzen in Berlin (Gott hab sie selig), denn nachdem diese den Fehler machte, nach dem gigantischen Finanz-Crash den zuerst noch großkotzig abwinkenden Banken ihre ersten kleinen Milliarden-Care-Pakete aufzudrängen, kam nach und nach dann doch ein Kapitalschnorrer nach dem anderen aus den Löchern gekrochen, um bei der Bescherung ja nicht vergessen zu werden.

Und als die Banken langsam alle den Geldspeicher wieder gefüllt hatten, stand schon Opel auf der Matte, als erster Martinssänger der Autoindustrie. Aber er sollte längst nicht der letzte gewesen sein, wie wir inzwischen alle wissen. Und wenn ich mir so die Finanzlage einiger befreundeter Fernsehsender und deren Familien anschaue, könnte ich mir schon vorstellen, wer Oma als nächstes um eine Tafel Schokolade anbettelt.

Damit das Anpumpen schneller geht und nicht so viel Mühe macht, hier der Kalk-Universalbrief für die so dringend benötigte Finanzspritze. Verwendbar für das Bankwesen, die Autoindustrie oder TV-Welt, wie auch für den kleinen Privatschuldner von der Straße, der außer von RTL ja von niemandem mehr wirklich beachtet wird. Einfach die jeweils passende Phrase auswählen, abschreiben, an Angie und Guido adressieren – fertig!

Verehrte Damen,
geschätzte Restregierung!

Es ist …
a) … mir peinlich,
b) … allerhöchste Eisenbahn,
c) … mir eigentlich scheißegal,
d) … schön spät und ich bin nicht mehr nüchtern,

aber ich und meine Jungs brauchen dringend Geld.

Bis vor kurzem ging es uns noch gut,
aber plötzlich …
a) … waren die Leute, die wir beschissen haben,
   alle pleite
b) … kauften die blöden geizigen Arschlappen keine
   überteuerten Neuwagen mehr
c) … fiel unseren Investoren ein, dass sie
   einfach gern noch viel mehr Geld hätten
d) … erklärte mir der Bankbeamte den Unterschied
   zwischen Soll und Haben.

Klar, das hätte man theoretisch schon
früher bemerken können, aber …
a) … dann hätten wir uns ja anstrengen müssen
b) … bis zu diesem Zeitpunkt hatten wir eine echt
   coole Zeit und wollten uns den Spaß nicht
   verderben
c) … Mathe war schon in der Schule scheiße
d) … Ihr solltet mal lieber selbst ganz still sein!

Bitte schickt umgehend richtig viel Geld
in extrem großen Mengen, sonst …

a) … machen wir unsere Kunden so was von fertig,
bis sie alle kaputt in der Gosse liegen

b) … müssen wir leider an Bremsen und anderem
Sicherheitsfirlefanz sparen

c) … machen wir einfach weiter wie bisher

d) … kacke ich vor's Kanzleramt.

An dieser Stelle sei noch einmal aus tiefstem Herzen
versichert, dass …

a) … wir aus dieser ganzen Geschichte garantiert
nichts lernen

b) … Ihr Euch die Rückzahlung komplett
in die Haare schmieren könnt

c) … wir uns lachend einen runterholen
und Euch auf ewig dankbar sind

d) … ich Euch in Zukunft trotzdem scheiße finde!

Vielen Dank im Voraus, ich hoffe,
ich kann demnächst …

a) … mich erkenntlich zeigen

b) … im Puff mal eine ausgeben

c) … ruhig noch mal um einen Nachschlag bitten

d) … das Land verlassen.

Liebe Grüße, Ihr seid echt dufte!

Euer ....

(Name und Institution Ihrer Wahl bitte einfügen)

KAUFEN LERNEN

Wir sollten uns schämen. Ja, wir alle, ich spucke auf uns! Keiner kann sich da rausreden, wir alle tragen einen Teil der Schuld, dass es der Konjunktur so schlecht geht! Dabei hat sie es wirklich immer nur gut mit uns gemeint, hat alles für uns getan und wollte als Dank bloß mal ab und zu ein ganz klein wenig angekurbelt werden. Aber wir undankbaren Scheißtypen haben sie im Stich gelassen, indem wir einfach nicht mehr genug konsumiert haben. Ich verachte uns dafür.

Hätten wir, so wie es sich gehört, einfach immer mehr windige Immobilienprojekte unterstützt, Neuwagen gesammelt, Rohstoffe und andere Sachen gekauft, die Firmen und Banken könnten immer noch reich und glücklich sein. Aber so kann das doch nicht funktionieren! Wir ziehen schließlich alle am gleichen Strang, versteht das denn keiner? Wenn plötzlich über Nacht so eine fiese Finanzkrise über ein Land oder eine Welt hereinbricht, ist das wie ein Schnupfen, das kann ja kein Mensch vorher wissen, danach müssen doch alle zusammenhalten und ganz schnell ganz besonders viel kaufen, damit die wieder weggeht! Nur wenn dann jeder bloß an seine eigene Armut denkt und anfängt schwul herumzusparen, bricht halt das ganze Gefüge zusammen.

Zum Glück haben wir kluge Politiker, die überlegten nach Ausbruch des Pleitevirus sofort, wie man das strauchelnde Volk wieder auf den richtigen Weg bringen könne. Schönste Idee war für mich eigentlich der angedachte ‚Konsumgutschein' für jeden Bürger über 500 Euro. Denn als allererstes müssen wir schließlich alle wieder kaufen lernen, von Grund auf, wie ein kleines Kind. Erst wollten sie ja als Soforthilfe jedem einen Opel und ein Haus mit Hypothek vor die Tür stellen, aber es ist sinnvoller, ganz von unten anzufangen. Worte

Die meisten der drecksäckigen Konsumverweigerer wissen ja gar nicht mehr, wie kaufen geht und horten ihre Kohle wie gierige Hamster, bis ihnen das Bargeld aus dem Hintern quillt. Während es so viele Geschäfte zur lebenswichtigen Profitmaximierung dringend benötigen würden.

Die Menschen müssen wieder verstehen, dass Sachen kaufen richtig Laune machen kann, vielleicht wären auch Plakataktionen und bunte Sticker eine gute Idee, so mit Sprüchen wie Come in and kauf ein!, Konsum ist knorke! oder Ich helf' der Konjunktur! Und Du?

Wichtig wäre auch eine verständliche Gebrauchsanweisung auf der Rückseite eines solchen Gutscheins, ohne viel Technik-Gebrabbel, mit ein paar Bildern und Zeichnungen, so dass auch der einfache Mensch versteht, wie das korrekte Geldausgeben funktioniert. Der Einsatz ausgebildeter Kaufhelfer, Konsumpädagogen oder staatlicher Shopping-Animateure sollte ebenfalls überdacht werden. Man könnte auch von der Regierung anordnen, dass jeder Bürger am Monatsanfang erst einmal etwas Unnützes kaufen muss, sonst wird einem was geschickt, wie im Buchclub.

Wenn sich dieses Prinzip so gut entwickelt wie ich es mir denke, stünde es anderen Bereichen frei, später nachzuziehen. Die Fernsehsender könnten einen Glotzgutschein austeilen, mit dem man kostenlos verpflichtet wird, zehn Stunden ihr Programm zu sehen, um die Quote anzukurbeln. Oder sie schenken jedem Bürger ein Flatscreen-TV mit Zwangsnutzung für all die Sendungen, die sie aus humanitären Gründen eigentlich absetzen müssten. Wäre zwar nah an der Grenze zur Körperverletzung, aber manchmal muss man die Menschen halt zu ihrem Glück zwingen.

EIN GEBOT DER HÖFLICHKEIT

Scheiße bauen ist kein Kavaliersdelikt! Aber es kann halt passieren. Das ist nicht schön, aber so ist nun mal das Leben. Es bleibt nur die Frage, wie geht man selbst als aktiver Scheißebauer mit seinen Taten um?

Nach vielen Jahrtausenden gelebter Unfähigkeit hat die Menschheit zwei anwendbare Grundhaltungen entwickelt:

A) Reue zeigen und sich für alles entschuldigen.
B) Den produzierten Bockmist stur aussitzen
und genau so weitermachen.

Während Variante A meist bei Verbockungen im kleineren Kreise oder zwischenmenschlichen Bereich gewählt wird, ist Reaktion B äußerst beliebt, sobald das verursachte Desaster eine breite Öffentlichkeit betrifft. Verständnis für die eigene Unfähigkeit darf dabei grundsätzlich erst gezeigt werden, wenn es ohnehin zu spät ist und einem bereits alles meilenweit am Arsch vorbei geht.

Beim Fernsehen sieht es allerdings etwas anders aus. Da wechseln zwar Programmdirektoren und verantwortliche Redakteure schneller als so mancher Politiker seine Meinung, aber der Sender an sich bleibt halt meist trotzdem bestehen und muss sich weiter mit seinen Zuschauern arrangieren. Weshalb ich eine Entschuldigung beim Publikum langsam mal für überfällig halte, einfach als ein Zeichen der Höflichkeit.

9live und all die Call-In-Beschiss-Granaten zum Beispiel, die haben doch eigentlich genug Platz im Bild, das ist ohnehin bis oben Worte vollgemüllt mit sinnfreien Countdowns, Hotline-Nummern und Info-Bannern. Da könnte man schön in einem davon als Dauer-crawl laufen lassen: ‚Liebe Zuschauer, es tut uns echt leid, dass wir Euch hier so krass betrügen und dabei noch nicht mal so tun, als wäre das eine richtige Sendung, und dass das alles hier auch noch so hässlich und die Moderatoren so pupsdoof sind, ehrlich, das habt Ihr eigentlich nicht verdient. Aber dass Ihr trotzdem darauf reinfallt und weiter anruft, finden wir echt spitze, Ihr seid knorke, weiter so, ruft an, Ihr habt immer noch 'ne Chance auf den Hauptgewinn! Haha, kleiner Scherz. Wir danken Euch für Eure Blödheit!'

RTL, SAT1 und Pro7 könnten Ihre ganzen Info-Balken, Plings und sonstigen das Bild zukleisternden Störer während der Sendungen für Kurz-Infos benutzen. ‚Achtung! Wir nerven echt tierisch, sor-ry, und dass wir Euch alle für so bescheuert halten, ist im Grunde eine Beleidigung, aber super, dass Ihr das mit Euch machen lasst, Ihr seid blöd aber voll cool!' oder ‚Jetzt mitärgern! Wieder eine sinnlose Botschaft im Bild, die total die Stimmung versaut! Tut uns leid, ehrlich, aber wir sind halt einfach scheiße. Danke für's Verständnis!'

Bei den Öffentlich-Rechtlichen sollte man das Erfreuliche mit dem Nützlichen verbinden. Einfach die saublöd-peinlichen GEZ-Spots rausschmeißen und dafür eine persönliche Entschuldigung der ARD & ZDF Programmdirektoren senden. Herres und Bellut, simpel nebeneinander auf Hockern vor schwarzem Vorhang, dem Anlass entsprechend. So Guido Knopp-Style wie bei ‚Hitlers willi-ge Weiber' oder wie die Dinger so hießen. Und dann müssten Sie dem Publikum in die Augen sehen und sagen: ‚Hallo, wir sind der Volker und der Thommy, und wir wissen, unser Programm ist jetzt gerade nicht ganz so doll. Aber wir sind nicht mehr jung, und wir brauchen das Geld. Wir können es halt nicht besser. Nun ja, wir könnten schon, aber dann müssten wir uns anstrengen, und das steht nicht im Rundfunkstaatsvertrag. Und wir leben halt auch so sehr gut von Ihrem Geld. Also vielen Dank für Ihr Verständnis und Ihre Barmherzigkeit. Wir schalten um zum Frühlingsfest der Volksmusik!'

Und die ganzen GEZ-Fahnder könnten Ihre Jobs behalten, müssten nur jetzt umgekehrt herausfinden, wer in der Straße alles Gebühren bezahlt, um denen dann Blumen und Pralinen vorbei zu bringen. Das Programm wäre dadurch zwar immer noch nicht schöner, aber man würde sich als Zuschauer vielleicht ein ganz klein wenig besser fühlen.

BETREUTES LEBEN

Es tut mir wirklich leid das sagen zu müssen, aber es geht nicht anders: Ich kann die dusselige Fresse von Boris Becker nicht mehr sehen! So, jetzt ist es raus …

Ich habe das Gefühl, ich leide unter akuter Beckophobie, einer Art allergischen Reaktion mit Juckreiz, Übelkeit und Erbrechen, wann auch immer er wieder unaufgefordert seine emotionslos lächelnde Rotrübe durch irgendein Boulevard-Magazin in welchem Medium auch immer spazieren führt. Also meistens mehrmals täglich. Wenn nicht gar durchgehend. Um ehrlich zu sein, ich fühle mich von ihm persönlich belästigt und verfolgt. Kann er sich nicht bitte nur ein ganz klein wenig zurückhalten und vielleicht auch einmal auf's Scheißhaus gehen, ohne die Presse zu informieren?

Kurz vor seiner letzten Hochzeit wurde es am schlimmsten. Man konnte keine Zeitung aufschlagen, keinen Sender einschalten und nicht einmal gefahrlos durch's Internet surfen, ohne miterleben zu müssen, wie der sommersprossige Stammelmaxe Eheringe kaufte, eine Hose anprobierte, ungestottert das Ja-Wort übte, heiratete, sich von der Heirat erholte oder sich beim Atmen filmen ließ. Ich will das aber gar nicht sehen! Ganz ehrlich nicht!

Warum auch? So eine Hochzeit sollte schließlich seine Privatsache sein, ein wunderschöner, intimer Moment mit der zukünftigen Frau seines Lebens, ich glaube, Lilly heißt sie immer noch. Aber stattdessen verscherbelt er ihre gemeinsame Privatsphäre exklusiv an Bild und RTL und prostituiert sich seitdem wie ein hyperaktiver Exhibitionist, der gerade seinen letzten Mantel verschenkt hat.

Die unangenehm überöffentliche Show-Trauung war dabei allerdings nur der Anfang, das Kick-Off-Event für das tägliche Ausschütteln der Unterhosen im eigenen BB-Weltvertrieb über die selbst produzierte Website Boris-Becker.tv. Wo man nun rund um die Uhr filmisch über die spannenden Lebensversuche des medienscheuen Leimeners auf dem Laufenden gehalten wird. Vom Schuhe-Shopping und Friseur-Going über das Geronten-Golfing bis zum Promi-Poker-Playing und Opern-Visiting. Da darf man sich als Fan jetzt schon auf die Geburt ihres Kindes, das erste Windelwechseln und Papas nächste Hämorrhoiden-Verödung freuen!

Ja ... äh ... drängt sich einem nur die Frage auf: Wie in Teufels Namen kann ein einstmals respektierter Weltspitzensportler bloß auf die irrsinnsdoofe Schnapsidee kommen, sein Leben freiwillig auf Schritt und Tritt von voyeuristischen Kamera-Affen aufnehmen und auf einer eigenen Website in Kurzfilmen veröffentlichen zu lassen? Wenn eine hohlbirnige Bumsnuss wie Paris Hilton sich beim Poppen oder Kuhkacke-Stapeln im Bauernhof-Praktikum ablichten lässt, um damit dann irgendwann einmal in einer Sinnkrise sich selbst den Beweis für ihre substanzlose Existenz vorlegen zu können – okay! Ich werde fotografiert, also bin ich – der erste philosophische Grundsatz der Blödigkeit. Nur welche traurigen emotionalen Defizite und Neurosen müssen an der Seele eines Super-Promis nagen, um freiwillig überall lachend seinen Pillermann rauszuholen? Bildlich gesprochen.

Das wirklich Furchtbare ist jedoch, dass uns vermeintlich öden Normalos mit all diesen nutzlosen Halbstar-Dokus aus der Kloake der inszenierten Nichtigkeit mehr und mehr suggeriert wird, so sinnlos bescheuert wie bei den berühmten Dumpfnasen sähe das wirkliche Leben aus.

Um Gottes willen, wie furchtbar sähe unser Leben aus – selbst der liebe Gott müsste sich übergeben! Vielleicht sollten wir deshalb alles, was wir von den tollen Prominenten sehen, für uns wirklich als absolutes Vorbild nehmen. Um es dann exakt so nicht zu machen!

SAUFEN MIT NIVEAU

Na endlich traute sich mal einer zu sagen, was wir alle schon lange denken und hoffen: Bedachtes Saufen mit Vernunft und Niveau Letzte fördert den Intellekt und lässt den alten Affen Besoffenheit in der

verschlossenen Schublade der Unzurechnungsfähigkeit schlummern. Oder auf Bierzelt-Deutsch: Oan Kasten Bier, a Flascherl Korn, die stör'n mi net beim Autofoan! Zwei Maß Gerstensaft sind für einen echt kernigen Münchner jedenfalls noch lange kein Grund, so ein schwules Taxi zu rufen.

Und das sagte nicht irgendwer, sondern ein richtiger Politiker, der einstmalige Herrscher von Bayern, dem Land der Trinker und Denker, Günther Beckstein himself! Es kann also nur stimmen, die alte Schnapsnase ist schließlich eine Respektsperson und war verantwortlich für das Schicksal mehrerer Millionen seiner Bürger, viele davon sogar noch in Lederhosen. Und wenn dieser kluge Mann aus eigener Erfahrung weiß, dass er nach zwei kleinen Litern Starkbier noch einigermaßen gerade nach Hause findet, ohne allzu viele Unschuldige umzufahren, dann wird er schon wissen, was er sagt. Letztlich ist diese Aussage auch nichts anderes als ein Appell an die Rückkehr zum eigenen Körperempfinden und gesunder Selbsteinschätzung. Ein gestandenes Mannsbild braucht keine künstlich oktroyierten Autoritäten, die ihm mit Hilfe einer Apparatur zur Oralexhalation sagen, ob er noch fahrtauglich ist. Wenn man selbst daran glaubt und in der Lage ist, dreimal hintereinander verständlich ‚Ich kann noch fahren!' zu lallen, ohne sich zu übergeben, sollte dies in einer aufgeklärten Gesellschaft ausreichend sein. Wir sind schließlich alle erwachsen! Da würde doch niemand mehr freiwillig in sein Auto steigen, wenn er nicht mehr im Vollbesitz seiner noch so geringen geistigen Kräfte ist, das wäre ja absurd! Ich bin zwar kein Bier-Fan und würde nach zwei Literhumpen lieber meinen Sportwagen in der Spielstraße stehen lassen, aber nach zwei Flaschen Wein oder Grappa könnte auch ich als Gewohnheitstrinker trotzdem noch ohne Probleme einen Schulbus fahren. Und das würde ich mir nüchtern nicht zutrauen!

Weisheit blüht meist an den verborgensten Orten, wo wir sie nie vermutet hätten, sogar in der CSU. Der Philosoph Beckstein hingegen hat erkannt, was uns alle bewegt: Dieses Leben ist nüchtern kaum mehr zu ertragen!

Ein gewisser angenehm-schummeriger Dämmerzustand erleichtert die Existenz. Alkohol ist das Schmieröl der modernen Gesellschaft. Er macht fröhlicher als Rauchen und ist auch weniger gesundheitsschädlich, schließlich ist die Leber nicht so eine Pussy wie die Lunge! Alk ist der Reality-Upgrade des kleinen Mannes, der nicht in der Politik, Werbung oder den Medien arbeitet und sich keine teuren Designer-Drogen leisten kann. Und wer sich noch nicht strulledick vom eigenen Chauffeur oder im Privatjet nach Hause shutteln lassen kann, der sollte wenigstens selber besoffen heimfahren dürfen, das ist ja auch fast wie Fliegen.

Die Amerikaner haben das Recht auf Waffen und großzügig ausgelegte Selbstverteidigung, wir sollten wenigstens das Recht auf's Saufen ohne Konsequenzen haben! Besoffen würd' ich schließlich auch CSU wählen! Prost.

DER ARSCH MIT DER MASKE

*Wäre er nicht hauptberuflich egozentrischer Aggressions-HipHopper mit manischem Provokationszwang, könnte **SIDO** mit seinem silbernen Hirnschalen-Placebo glatt als lustiger Superschurke in einem Edgar Wallace-Film durchgehen. Da er inzwischen aber nicht mehr ausschließlich rotziges Textgestammel über dumpfes Beatgestampfe pöbeln will, lässt er sich versuchsweise auch als kauziges Faktotum in mittelklassigen Billigsendungen anheuern.*

*So durfte er als Highlight sogar eine ganze Staffel lang mal so voll krass konstruktiv als Jury-Mitglied bei den **POPSTARS AUF PRO 7** mitlabern. Was für die jungen Girlies natürlich echt cool war, mal von so 'nem echt emotionalen Frauenversteher mit aufgenagelter Obstschale auf der Glatze zusammengefaltet zu werden, der auch nicht wirklich was Tolles kann, aber trotzdem Millionär ist. Fette Scheiße, Alta, du bist voll das Vorbild für alle, ey!*

BEFREMDLICHE
BUM-BUM-BUMS-KORREKTUR

*Sensationelle Enthüllung! Da dachten wir jahrelang, **BORIS BECKERS** versehentlich gezeugtes Wunschkind wäre einst in der Wäschekammer entstanden, doch nun gestand der medienscheue Leimener in einem Interview, die pressewirksame Kurz-Kopulation hätte ganz ungeplant und nur romantische 5 Sekunden lang auf der Treppe zwischen den Toiletten stattgefunden!*

Wahrscheinlich kam er gerade vom Abseilen und die Hose war noch auf, da bot sich das ja quasi an. Und seine Tochter wird sich eines Tages freuen: Juhu, ich bin kein Besenkammer-Baby, ich bin ein Treppenfick!

Man windet sich vor Fremdscham ..., vielleicht wäre Fresse halten irgendwann doch mal eine intelligente Alternative!

LEERES LEBEN

*Eine alte Weisheit sagt, dass man sich mit Reichtum nicht alles kaufen kann. Vor allem keine emotionale Intelligenz, Freunde oder ein interessantes Leben. Schmerzhaft doofer Beweis für diese These: Der **WENDLER-CLAN IN SAT 1**.*

Inhalt: Ein großkotziges Schlagermonster, welches von sich selbst nur als „DAS WENDLER" spricht, lebt mit seiner geklonten Sonnenstudio-Familie in prolliger Leere so in den Tag und weiß nicht, wohin mit dem vielen Geld.

Wir lernen: Glück ist eine einsame Pizza im Studio oder Rahmgeschnetzeltes mit der Family. Und die Gabe, sich eine passende Jeans gleich zehnmal kaufen zu können. Doch selbst mit noch so viel Kohle kriegt man dafür keine neun weiteren Ärsche. Man bleibt nur der eine, der man schon vorher war.

Worte

DOOF FÜR DEUTSCHLAND

*Endlich Schluss mit der Politikverdrossenheit und den ganzen doofen Inhalten: Medienmade **KADER LOTH,** die knuddeldoofe Intelligenz-Allergikerin mit der künstlichen Blusenfüllung, ist jetzt selbst ernannte Frauenbeauftragte der Freien Union! Sie wissen schon, von dieser aufmüpfigen CSU-Splittergruppe um Gabriele Pauli in Bayern, die eigentlich keiner kennt und niemand braucht. Aber die sich scheinbar für keine Peinlichkeit zu schade ist, um überhaupt bemerkt zu werden.*

Kein Programm trifft Kein Gehirn, eigentlich eine schöne Verbindung. Das Auge wählt schließlich mit!

TELEMEDIALE ERLÖSUNG

Bild aus Kalkofes Mattscheibe Staffel 4, Sendung 8

*Was macht eigentlich ... der schwäbische Schwafelmessias **THOMAS G. HORNAUER?** Eine der schillerndsten Figuren aus den unendlichen Weiten des gesendeten Wahnsinns: Einst unerwartet durch dubiose Wahrsager-Hotlines und Erotik-Filme zum Multimillionär geworden, schickte er sich eines Tages an, trotz diverser Lizenzentzüge auf wechselnden freien Sendestrecken Programme aus seiner eigenen religiösen Erweckungs-Station über den Äther zu schicken. **KANAL TELEMEDIAL,** das Erweckungsprogramm vom Orange Table mit spirituellem Mehrwert, für das die Zuschauer gebeten wurden, freiwillig Impuls- und Energieausgleich zwischen 10 und 20 Euro zu bezahlen. Selten durfte man die Gefährlichkeit eines öffentlich zugänglichen Massenmediums amüsanter verfolgen als beim heiligen Horni, the Master of Mental Madness.*

Momentan ist es leider bis auf ein paar erleuchtende Live-Streams im Internet etwas still geworden um das prophetische Krawallspätzle mit dem fettigen Schmierscheitel. Lasst uns alle beten, dass er mit seinen Lehren aus der Leere der eigenen Ego-Luftblase so schnell wie möglich wieder ins frei empfangbare Fernsehen zurückkehrt – ein (leider unfreiwillig) lustigeres Programm gibt es im ganzen Universum nicht!

KUMPEL-CASTING

Hätte sie es nicht selbst so gewollt, könnte einem das allesmachende Luderwesen **GINA-LISA** fast schon leidtun: damals vorzeitig raus beim Klum-Schnitten-Casting, als pralle Spaß-Blondine durch Dutzende doofer C-Promi-Magazine georgelt, oberpeinliches Sex-Video im Netz, anfänglich sympathische Natürlichkeit konsequent umoperiert in unmenschliches Gummipuppen-Gehabe, verzweifeltes Schlagzeilensaugen durch Affäre mit dem tranigen Terenzi-Marc und als erbärmlichen Höhepunkt die geltungsgeile Suche nach einem besten Freund im Fernsehen.

Oder wie es die anglophil masturbierende TV-Sprache nennt: **GINA-LISAS BEST BUDDY!** Das traurige TV-Casting nach einem echten Kumpel, so wie auch schon in den USA für die blonde Blödbums-Kollegin **PARIS HILTON.** Produziert natürlich von **PRO 7,** wo sich unangenehm peinliche Fremdschäm-Formate zur Zeit am wohlsten fühlen. Geplant als ultimative Geheimwaffe des Primetime-Entertainments für die junge coole Fun-Ge-

neration, wurde die Show dann allerdings derart deprimierend uninteressant, dass man sie klammheimlich an zwei Nachmittagen in der Reihe **WE ARE FAMILY!** wegsendete, dazu auch noch in verkehrter Reihenfolge. Kack die Bohne!

Worte

WAS IST NUR AUS DIR GEWORDEN?

Schließen Sie die Augen und stellen Sie sich mal vor, wir müssten morgen in der Zeitung lesen, die Pro 7-Sat1-Media AG hätte finanziell den Hintern zugekniffen und würde mit sofortiger Wirkung den Betrieb der gesamten Senderfamilie einstellen. Oder RTL hätte sich versehentlich selbst in die Luft gesprengt, weil sie die Schmach rückläufiger Werbeeinnahmen nicht verkraften konnten. Ganz ehrlich – würde sich Ihr Puls um auch nur einen einzigen Herzschlag erhöhen? Wäre bei Ihnen mit einer emotionalen Reaktion zu rechnen, die über einen kurzen Gähner und ein gelangweiltes ‚Ach was …' hinausgeht? Also bei mir nicht.

Selbst wenn sich die nächsten Angehörigen der ARD entscheiden würden, das alte Schlachtross endlich von seinem Leiden zu erlösen und die Geräte abzuschalten. Na und? Das ZDF ist wahrscheinlich sowieso schon lange tot, nur traut sich seit Jahren keiner den Totenschein zu unterschreiben. Wen kümmert's? Wir Zuschauer merken es sowieso nicht. Ob ich mir das momentane Programm irgendeines Senders angucke oder einem Schwein beim Pinkeln zuschaue, wo ist der Unterschied? Die strullende Sau wäre auf jeden Fall die bessere Wahl – weil sie ehrlich und von Herzen pisst und von mir dafür weder Geld noch Applaus erwartet.

Nur wie konnte es überhaupt so weit kommen? Du, liebes Fernsehen, hast uns doch früher einmal etwas bedeutet. Wieso bist du uns so gleichgültig geworden?

Häme wird zwar nie gern gesehen, wenn man am Boden liegt, doch leider kann man dir nichts anderes zurufen als ein lautes ‚Selber Schuld, du Vollidiot!' Mein Gott, wir haben dich doch geliebt! Kapierst du das überhaupt??? Obwohl du damals auch nicht immer wirklich so wunderbar warst, wie wir dich so oft im Suff verklären. Aber irgendwie warst du anders ... nicht so ein verlogener Drecksack wie heute, kein herzlos formatierter Erfüllungsgehilfe der diabolischen Dämlichkeit. Wir hatten immer noch das Gefühl, du würdest uns Zuschauer vielleicht doch ein klein wenig mögen oder zumindest ernst nehmen.

Du hast auch früher viele Haufen Schrott produziert, aber sie waren wenigstens unterscheidbar. Wenn man eine Fernsehzeitschrift durchschaute, konnte man mit ihrer Hilfe selektieren, ohne weinen zu müssen. Wenn eine Sendung lief, wurde diese nicht alle paar Sekunden mit nutzlosem Informationsmüll des ausstrahlenden Senders zugekleistert, der uns daran erinnern sollte, dass im Anschluss alles noch viel schlimmer wird. Keine kleinen quäkenden Gestalten schoben im spannendsten Moment ihren Arsch ins Bild, um für irgendeinen Dreck zu werben, der niemanden interessiert. Eine halbwegs gute Serie, mit deren Ausstrahlung du anfingst, brachtest du bis zum Ende, und warfst sie nicht nach der ersten oder dritten Folge wegen zu geringer Quote zum Vergammeln in den Keller, um stattdessen eine billige Verarschungs-Doku zu bringen.

Wir konnten dir wenigstens ein ganz klein bisschen vertrauen. Du hast uns alle noch nicht ausschließlich so behandelt, als wären wir bumsblöde Affenwesen ohne Gehirn, die dankbar sabbernd alles glotzen, was sich bewegt. Du warst nicht immer ein Freund, aber wir hatten zumindest voreinander Respekt.

Was ist bloß aus dir geworden? Geh weg! du stinkst.

ARME SCHWEINE

Kinder sind viel klüger als Erwachsene. Das hört man häufig. Und wenn man mal ein paar Stunden durch die TV-Programme zappt und sich die volljährigen Vollidioten dort anschaut, möchte man dieser Aussage fast Recht geben. Obwohl der Vergleich in diesem Falle statt mit Kindern auch mit Schimpansen, Blutegeln oder Kaulquappen funktionieren würde.

Trotzdem wurde mir der messerscharfe analytische Verstand der oft unterschätzten Jungmenschen wieder einmal bewusst, als ich kürzlich bei einer befreundeten Familie zu Gast sein durfte, bei der zufälligerweise der Fernseher lief, genauer gesagt SAT1. Gerade war kurz nach einer Sendung mit Kai Pflaume eine Sendung mit Kai Pflaume zu Ende gegangen, in deren Werbepausen Kai Pflaume für zusammengemantschte labberige Fleischersatz-Burger Werbung machte, und in deren Anschluss auf die nächsten tollen Sendungen mit Kai Pflaume hingewiesen wurde. Woraufhin die neunjährige Tochter mit einer Mischung aus Genervtheit und Mitleid fragte: ‚Sag mal, Mama, verdienen die da im Fernsehen wirklich so wenig, dass kein anderer die Sendungen machen will außer Kai Pflaume?'

Mir allerdings blieb nach kurzem Lachen doch selbiges im Halse stecken, als ich die tragische Wahrheit hinter diesen Worten erkannte: Ja, genau so ist es! Die mediale Überpflaumung, der Kerner-Overkill, der Zietlow-Wust, die Unmengen wild wuchernder Pilawas, die Sonja-Krausierung bis zum Erbrechen ... ich hatte diese uns alle so penetrant die Programme überflutende Hack-fressen-Schwemme immer als persönlichen Angriff gesehen. Hatte gedacht, es handle sich bei den Protagonisten um eitle, geldgeile und ruhmsüchtige Nervnasen, die einfach zwanghaft ihre Grinsemurmel in absolut alle Kameras recken und aus reiner Gier jede Sendung an sich reißen müssen, die bei drei nicht die Hose hoch hat.

Doch plötzlich verstand ich, wie sehr ich mich geirrt und die tragische Realität fehlinterpretiert hatte. Denn in Wirklichkeit sind all diese so genannten A-Promis mit Dauerschleifen-Existenz nichts als ganz arme Schweine! Bedauernswerte Kreaturen, die lächelnd und labernd in sinnfreier Endlospräsenz erstarren müssen, ohne der Welt wirklich etwas zu sagen zu haben. Gezwungen, für einen Hungerlohn all dem Müll ihre Visage zu leihen, den sonst kein vernünftiger Mensch freiwillig moderieren würde. So eine Art mediale Märtyrer, die ihr eigenes Leben opfern für all die fleißigen Fernsehschaffenden, die noch Charakter und eine Zukunft haben.

Niemand, der bei Verstand ist, möchte im Grunde beim Fernsehen arbeiten, sich vor Millionen von Menschen zum Vollhorst machen oder irgendwelche stinklangweiligen Schwachmaten-Shows präsentieren müssen, das ist logisch. Diejenigen, die es doch tun, vielleicht sogar mehr als uns allen lieb ist, müssen demnach entweder ein sehr großes Herz oder ein sehr kleines Gehirn haben, vor allem aber eine überdurchschnittliche Leidensbereitschaft. Oder jemand hat sie zu all dem gezwungen. Vielleicht, weil die Sender irgendein schmutziges Geheimnis kennen, z.B. dass man Geld aus dem Klingelbeutel gestohlen hat, auf satanischen Messen Neugeborene opfert oder gern minderjährige Schafe bumst.

Was auch immer – verdient hat so ein Schicksal trotzdem keiner. Mir tun diese ganzen armen Promis einfach leid. Arme Schweine. Arme dumme Schweine!

NEUES DEUTSCHLAND

Juhu! Vier schwere Jahre übergroßer Koalition haben wir darauf warten müssen – und endlich ist es nun so weit! Die Bundestagswahl 2009 hat uns die große Wende beschert: Deutschland Reloaded, Germany 2.0 ist da – alles wird neu und toll und besser! Wow. Ein wundervolles Gefühl, ich atme schon ganz anders, viel freier und mehr so mit dem Gefühl von Aufschwung im Schritt.

Als Angela Merkel damals nach Verkünden der ersten Hochrechnungen vor die Kameras trat, so ganz in dunklem Knallrot, strahlend vor Glück, freudig die Hände reckend ... man konnte sie anfangs gar nicht erkennen, so aufgedreht wie sie war, ich dachte erst, das ist der Hund von Paris Hilton. Aber schon eine Stunde später in der Elefantenrunde schien sie merkwürdig abwesend, wieder mehr so Richtung orientierungsloser Mops mit Migräne, den man vor einer Kneipe angebunden hat. Wahrscheinlich wurde ihr da gerade klar, dass sie von jetzt an halt den Guido am Hacken kleben hat. Und wenn man einmal in die FDP reingetreten ist, dann kriegt man die nicht mehr vom Schuh! Bringt Glück, aber stinkt, wir kennen das alle.

Dabei hat Westerwelle ja wirklich die ganze Zeit gegrinst wie ein Spanferkel, das im Zuckerrüben-Lotto gewonnen hat, das hatte nichts Menschliches mehr. Da schwankte man als Zuschauer schon so manches Mal zwischen Mitfreuen und Notschlachtung. Und dieses unmenschliche Grienen hat selbst danach noch tagelang angehalten, das musste man ihm in den ersten Koalitionsverhandlungen regelrecht rausprügeln.

Der weißhaarige traurige Mann von dieser Partei, von der irgendwie fast alle Wähler gestorben oder weggezogen waren, tat einem zwischendurch ja beinahe schon leid. Schweinsteiger oder Steineimer oder so ähnlich hieß der, sah jedenfalls ein bisschen so aus wie Hans Meiser auf Kortison. Den wollte man einfach nur trösten oder ihm die Haare färben. Ich glaube aber auch, der hatte mal was mit der Merkel, man erzählt sich, die sollen sogar irgendwo in Berlin zusammen gewohnt haben. Und jetzt musste er zusehen, wie die vor allen anderen mit ihrem Neuen rummacht, dabei soll der sogar schwul sein, das tut einem Mann dann ja auch noch besonders weh.

Sonst saßen da nur noch so ein alter Grüner und ein kleiner Linker, die freuten sich aber wie Bolle. Eigentlich am meisten von allen, die hatten nämlich dazu gewonnen und müssen trotzdem nicht diesen Scheißjob machen und mitregieren! Zusehen und lästern ist viel entspannter.

Okay, aber jetzt geht sie seit ein paar Monaten ja erst mal ab, die Luzie! Steuern runter, Wirtschaft durch die Decke, Wachstum bis der Arzt kommt! Ein tierisch cooles Gefühl, so mitten im Wirbelsturm des Aufschwungs zu stehen.

Ich finde diese neue Koalition vor allem farblich viel fröhlicher als die alte: schwarz-gelb, da haben ja auch alle gleich ihre Witze gemacht. Die Biene Merkel und ihr Wester-Willi. Oder die Tigerente, hihi. Ich finde allerdings am passendsten die ‚Alte Unterhose‘ – vorne gelb, hinten schwarz. Schlüpfer-Koaliton, klingt doch prima!

Mit den Farben sollten die sich im Bundestag sowieso mal was Neues überlegen. CDU = schwarz, okay, konservativ, alt und abgestorben, das passt. FDP = gelb, weiß ich nicht, wieso eigentlich, klingt halt pissig. Oder nach Sonne, Senf und Chinamann, alles drei unpassend. Grün für die Grünen, das lass ich durchgehen, kann man sich ja schon vom Namen her gut merken. Aber SPD = rot ist schwierig, das wollen jetzt ja schon zwei haben, die Linken und die noch Linkeren. Da sollte doch die SPD vielleicht besser freiwillig auf Weiß wechseln, das kann sie dann auch gleich als neue Fahne hissen!

WO IST DIE KAMERA?

Ich verstehe die ganze Aufregung nicht. Kaum erreichten uns die ersten offiziellen Meldungen, dass bei Lidl, Schlecker & Co die Angestellten seit Jahren professionell durch Überwachungskameras bespitzelt wurden, da brauste auch schon ein Sturm der Entrüstung durch die ahnungslos tuende Bevölkerung, und alle Daten-, Mitarbeiter- und Tierschützer reckten wütend die Faust des Protests in die Luft.

Ja und? Wozu die Aufregung? Ganze Nationen und Diktaturen funktionieren so. Kaum ein Staat verzichtet freiwillig auf das Überwachen seiner minderbemittelten Bürger, wieso soll dann eine kleine wurstige Dosenfraß-Kette das bitteschön nicht genauso machen? Spionieren und Denunzieren sind ehrenhafte Tätigkeiten auf möglichst freiwillig anmutender Basis, die von den meisten Regierungen dieser Erde sehr geschätzt werden, solange dies alles in deren Sinne geschieht. Im Übrigen sind sie nicht nur international beliebt, sondern zudem auch grunddeutsche Tugenden, wie unsere Vergangenheit beweist. Und das sowohl im ideologischen oder regional-historischen Sinne wie auch im ganz privaten – die Neugier am Leben der anderen in Verbindung mit genetisch begründetem Hang zum Petzen beginnt meist schon beim eigenen Nachbarn.

Wieso sollen wir also Plus, Penny, Ikea, Burger King, Edeka und wie sie alle heißen mögen, nur deswegen böse sein, weil sie aus Mangel an sinnvollen Tätigkeiten ihre Aktenordner mit unwichtigen Informationen über das Leben ihrer Lohnsklaven füllen, um sich dadurch in ihrer eigenen Erbärmlichkeit ein wenig überlegen zu fühlen? Ist ja im Grunde doch eher ein Armutszeugnis, vielleicht wäre kollektives Bedauern über derart mentale Kleinwüchsigkeit viel angebrachter.

Wenn die scharfgemachten Spießgesellen des Innenministeriums in regelmäßigen Abständen mit neuen crazy Überwachungs-Ideen um die Ecke kommen, kann man ihnen zumindest zugute halten, dass sie im besten Falle versuchen, einen terroristischen Anschlag vereiteln zu wollen. Wenn bei Aldi oder Netto dank IM Fleischereifachverkäufer oder Live-Stream ins Damenklo brisante Informationen wie zum Beispiel die Darmprobleme des Kassenfrolleins, die Anzahl gerauchter Zigaretten des Praktikanten oder die Bandscheibenprobleme des Mannes der Tante vom Onkel des Einkaufswagenzusammenschiebers in die Top Secret – Akten der Geschäftsführung wandern, fragt man sich als Außenstehender schon ein wenig, wieso eigentlich. Die Bedrohung für die nationale Sicherheit erscheint einem selbst bei bösem Willen nur so mittel. Also wozu eigentlich der ganze Mumpitz?

Vielleicht war es ja im Grunde alles nur nett gemeint. Vielleicht dachte man in den Vorständen, die Mitarbeiter würden es mögen, wenn ihr Tun mit Kameras festgehalten würde, weil man sich dann ein bisschen vorkommt wie im Fernsehen. Ein Hauch von Big Brother, ein Touch von Doku-Soap, das unerklärliche Gefühl, interessant und so was wie prominent zu sein, wenn sich eine Kamera schon die Mühe macht, einen abzufilmen.

Wahrscheinlich war es einfach als ein Akt der Wertschätzung gegenüber den Angestellten gedacht, der ihnen sagen sollte: ‚Hallo, hier sind wir, Eure Chefs, und wir haben Euch lieb. Wir interessieren uns für Euch. Auch für Euer Privatleben. Und nur deshalb zeichnen wir so viel wie möglich von Euch auf und sammeln Informationen in dicken Ordnern. Als Erinnerung. Zum Beispiel, weil wir Euch entlassen mussten, weil wir gesehen haben, dass Ihr immer fünf Minuten zu lang Pause macht. Aber in unseren Herzen und Dateien bleibt Ihr auf ewig bei uns. Und vielleicht seht Ihr Ausschnitte aus Eurer Arbeit demnächst sogar bei ‚Upps, die Pannenshow' oder auf ‚youtube'.

Also, ich finde das prima. Kann gar nicht verstehen, wieso RTL da noch keine Show draus gemacht hat!

GRÜSSE INS WELTALL

Gibt es intelligentes Leben im All? Nun, auf der Erde jedenfalls nur begrenzt, das wissen wir inzwischen. So bleibt uns mehr denn je die Hoffnung, doch noch eines Tages auf ein paar kluge Glibberwesen im Universum zu treffen, deren Brägenmasse wir gegebenenfalls ein bisschen anzapfen könnten.

Vor allem beim Fernsehen wäre dies mehr als nötig, und so versuchte man irgendwann, das Notwendige mit dem Nützlichen zu verbinden, beziehungsweise das Irrsinnige mit dem Bekloppten. Denn Pro7 überraschte uns eines wunderbaren Tages nicht nur mit der wahrscheinlich großartigsten und intelligentesten Show-Idee aller Zeiten, sondern schickte sich darin gleichsam an, mit lockerer Hand und smartem Lächeln auf den Lippen mal kurz das zu erledigen, was seit Jahrzehnten tausende von doofen Nobelpreisträgern und Wissenschaftlern zuvor noch nie auf die Reihe bekommen hatten: den Kontakt mit Außerirdischen!

Und wer könnte den wohl besser herstellen als der mediale Mega-Mentalist Numero Uno, the one and only Uri Geller! Der nämlich präsentierte in einer der leuchtendsten Sternstunden der TV-Geschichte seinen einmaligen Mystery-Show-Event mit dem flotten Titel ‚Uri Geller live – Ufos & Aliens:

Das unglaubliche TV-Experiment'. Oder wie wir aus der GZSZ und DSDS – Generation sagen: UGLUUADUTE !

Unterstützt wurde er dabei selbstverständlich nur von den Top-Experten auf dem Gebiet Outer Space trifft Out-of-Brain, wie zum Beispiel dem außerordentlichen Außerirdischen-Autor Erich von Däniken, UFO-Groupie Nina Hagen, (der ja bereits vor vielen Jahren das Gehirn von Aliens entführt wurde), und Zauberkastenbesitzer Vincent Raven vom Planet der Raben. Die simple wie geniale Show-Idee neben jeder Menge Esoterik-Schwafelei von der mentalen Milchstraße des ausgeschütteten Verstands: Wir senden Botschaften ins All ... und warten live auf Antwort!

Das hat doch bisher immer geklappt!

Zitat Geller zur Ankündigung: ‚Alles kann passieren!' Wer in diesem Falle erst einmal prophylaktisch ‚Gar nichts' als Option mit auf die Liste nahm, lag auf jeden Fall nicht falsch. Aber das kann ja auch spannend sein, wenn man es richtig inszeniert. Was man allerdings nicht tat. Heraus kamen dreieinhalb Stunden gesendetes Vakuum aus dem Schwarzen Loch der Dämlichkeit. Selbst Vincents Rabe vergaß aus Langeweile, auf den Boden zu kacken – und das will schon was heißen!

Allerdings wundert es mich schon, dass wirklich so rein überhaupt gar nichts passierte. Irgendwie hatte ich erwartet, dass der so oft versuchte Kontakt mit dem Leben im All doch endlich mal hätte funktionieren können, zumindest wenn die Außerirdischen genauso mediengeil sind wie die Doofen hier bei uns. Für einen Live-Auftritt in einer so crazy-coolen ProSeven-Primetime-Show und ein Autogramm von Vincent Raven würde sich wahrscheinlich schon so mancher Marsianer den Arsch aufreißen, oder?

Andererseits sollten wir vielleicht froh sein, dass jegliche Reaktion ausblieb. Möglich wäre schließlich auch gewesen, dass sich irgendein Planet mit wenig Sinn für Humor von Uri Gellers intergalaktischen Crazyphone-Streichen zu Recht belästigt gefühlt und als Rache die nervige Erde mal kurzerhand aus der Umlaufbahn gebombt hätte.

Aber wäre den arroganten Herren Aliens da oben denn wirklich ein Zacken aus der Krone gebrochen, wenn sie wenigstens mal kurz ein paar pubertierende Schleimwesen auf Riegel 7 besoffen in die Alien-Antwort-Hotline hätten zurückstöhnen lassen? Einfach aus Mitleid mit den erbärmlich doofen Erdlingen da unten, die so verzweifelt nach Unterhaltung sind, dass sie sogar das kollektive Warten auf einen Furz aus dem Universum als Samstagabend-Show inszenieren. Es wäre zumindest ein Zeichen gewesen, irgendwo zwischen Verachtung und Verständnis.

Wahrscheinlich aber haben alle in den unendlichen Weiten da draußen die Sendung einfach über irgendein extraterrestrisches
Pay-TV in der Kneipe live verfolgt, sich die Buckel
krummgelacht über unsere Dämlichkeit, den
Apparat klingeln lassen und sind einfach nicht ran gegangen. Was für
mich immer noch der größte
Beweis für intelligentes
Leben im Weltall wäre.

LETZTE RETTUNG

Momentan will wirklich jeder von irgendwem gerettet werden. Keiner kriegt mehr selber was auf die Reihe, egal wie großkotzig er vorher aufgetreten ist. Auch die ARD braucht dringend Hilfe, vor allem jedes Jahr, wenn wieder mal der Grand Prix vor der Tür zu stehen droht. Und Hilfe tut hier wahrlich mehr als not, denn wenn der Staat hier nicht schnell eingreift, ist Deutschland im internationalen Songvergleich rettungslos verloren. Über 25 Jahre ist es nun schon her, dass das germanische Sangesgut dank Ralph Siegelbewahrer und Nicoles bescheidener Friedensanfrage den verdienten Spitzenplatz erreichen konnte. Dazwischen allerdings liegen Dekaden des Versagens und Vergeigens, in denen unsere einstmals so stolze Nation germanischer Notenbezwinger mehr und mehr zum Gespött der restlichen Welt wurde.

Dabei wird seit Jahren vom NDR in amtlicher Verzweiflung wirklich alles versucht, endlich wieder die Pole-Position im musikalischen Europa zu erlangen. Vom rockenden Lackluder über den swingenden Frauenversteher bis hin zur tücherschwingenden Hoppel-Girl-Group war alles dabei, was nach dem Handbuch des internationalen Massenhits ein garantierter Erfolg sein müsste. Gereicht hat es bislang allerdings nur zum Arsch der Liste.

Dabei sah es im Jahr 2009 schon so vielversprechend aus: Miss Kiss Kiss Bang von Alex Swings Oscar Sings! Und diesmal schien man wirklich alles richtig gemacht zu haben: die Song-Auswahl, getroffen von ausgewählten Fachleuten ohne Beteiligung des doofen Publikums, Ausbremsung der fiesen und sich immer nur gegenseitig die Punkte zuschiebenden Ost-Europäer, eine cool gemeinte Pop-Swing-Nummer mit den zusammengeklauten Hooklines wirklich aller bekannten Welthits aus diesem Genre, sogar ein schleimiger Sänger, der sich ungefragt das Hemd vom gestählten Körper reißt, unterstützt von der erfolgreichsten Strip-Busella der Welt beim Sexy-Background-Herumräkeling – was konnte da schief gehen?

Scheinbar alles. Fünfter von hinten. Klingt nicht gut, aber auch nicht viel schlechter als Zwanzigster von vorne. Offensichtliche Anbiederei wird vom Publikum halt doch schneller entlarvt als man denkt. Vielleicht hätte man auch nicht unbedingt einen Titel und Bandnamen wählen müssen, der klingt, als hätte ein geistig verwirrter Englischlehrer einem ins Ohr gerülpst.

Also bettelte man gleich nach der Schmach stolz auf den Knien rutschend um Hilfe. Zm Beispiel bei Stefan Raab, der allerdings bereits nach nur drei Tagen merkte, dass der ARD ohnehin nicht zu helfen ist, höchstens mit einem Bolzenschussgerät. Auch Merkel und Westerwelle mussten dieses eine Mal hart bleiben und ihre gütige Hand zurückziehen, obwohl das Projekt ‚Mrs. Schnarch Schnarch Pups' von ‚Angie Sinks – Guido Stinks!' sicherlich gute Chancen gehabt hätte. Dieter Bohlen wäre hingegen bereit gewesen, allerdings hätte er als Jury-Vorsitzender zuerst einmal sämtliche ARD-Senderchefs entlassen müssen, weshalb man darauf lieber verzichtete und noch mal etwas tiefer gebückt bei Raab an der Tür kratzte, der aus Mitleid irgendwann dann doch nachgab. Der Grand Prix ist nun einmal eine niemals endende Geschichte des würdelos vorgetäuschten Selbstbewusstseins und selbst geschaffenen Elends, begleitet von glamouröser Verblendung und pompöser Enteierung.

GLEICHES MITLEID FÜR ALLE!

So, Schluss jetzt mit dem Geheule, ich kann dieses ganze Stöhnen und Klagen nicht mehr hören, wie schlecht es uns doch allen geht und wie schlimm die arme Wirtschaft leidet und was für eine harte Zeit wir vor uns haben! Alles Quatsch mit Soße, was Mimosen-Merkel und die ganzen Jammertitten der Regierung da immer jaulen! Nehmen wir unsere Situation doch lieber als einmalige Chance: Endlich geht es mal allen gleich scheiße! Wow! Die Superreichen dürfen dieselben Existenzängste haben wie der durchschnittliche Hartz 4 – Empfänger, der Arschtritt des Schicksals macht nicht vor der teuren Hose halt! Wir sitzen alle im selben Boot, und jeder kann sich sein persönliches Leck im Rumpf selber aussuchen! Sehr cool.

Also krempeln wir die Ärmel hoch und legen los! Hilfe ist angesagt. Über den Zusammenbruch unserer Freunde aus der Industrie und Finanzwelt wird seit Monaten ausführlicher und konsequenter berichtet als über jede Hungersnot oder Naturkatastrophe, und selten wurden so schnell von allen Regierungen der Erde so umfassende Multimilliardenpakete zur Hilfe aus den vorher nicht vorhandenen Portokassen gezaubert wie hierfür. Jetzt sollten auch wir alle unseren Teil dazu beitragen und die verarmenden Reichen unterstützen, damit das Gefüge der sozialen Abgrenzung nicht in Schieflage gerät.

Mein erster Vorschlag wäre, zuerst einmal auf alle Geldsammelaktionen für ausgesetzte Babys, aussterbende Viecher, den verkrumpelnden Regenwald oder sonstige vor sich hin leidenden Weicheier zu verzichten, die um Hilfe betteln, ohne jemals wirklich etwas für uns getan zu haben. Da sollte uns das Hemd mal näher sein als die Hose oder der insolvente Börsenmakler wichtiger als das hungernde Negerkind, das bisher weder was geleistet hat noch bei uns um die Ecke wohnt. Auch reiche Mütter haben arme Kinder, oder so. Geschissen auf die überhebliche Menschlichkeit, man kann vielleicht nicht jedem helfen, aber doch wenigstens sich selbst!

Sinnvoll wären ein paar schöne TV-Charity-Aktionen, so was wie ‚Ein Herz für Banker' mit Ehepaar Pooth als Schirmherren oder ‚Crash! Wrooom! – Der große RTL-Autoindustrie-Spenden-Marathon' mit Kai Ebel und den Schumi-Brothers im Betroffenheits-Call-Center. Das ZDF könnte irgendwas mit Gottschalk und der Ferres machen, egal für wen, kann sich sowieso keiner merken, aber mit ganz viel Herz. Die ARD würde ‚Das Spendenfest der Volksmusik' nachziehen, in dem Florian Silbereisen mit den Wichsberger Jodel-Yuppies und den Arschlecker Aktienkrackslern den Dax wieder nach oben schunkelt.

Vielleicht sollte man sich auch ein paar neue Wohltätigkeits-Vereinigungen ausdenken, die sich um angeschlagene Imperien kümmern, wie z.B. Geld für die Welt, Cashpeace oder das SOS-Maklerdorf. Und wenn alle Nase lang ausgemergelte Indios mit Panflöten neben Lamas in unseren Fußgängerzonen stehen, warum nicht mal langsam ein paar übergewichtige Vorstandsvorsitzende mit Blockflöte neben einem gebrauchten Opel? Auch die GEZ sollte nicht weiter ihre findigen Fahnder mit windigen Kontroll-Begründungen durch die Walachei jagen, sondern sie lieber direkt weinend um eine milde Gabe betteln lassen, bei dem Programm von ARD/ZDF hat ohnehin jeder Mitleid. Notfalls kann man auch einfach gleich nachts alten Omas in Seitenstraßen auflauern, macht inhaltlich nicht mehr wirklich den Unterschied.

Wir müssen einfach langsam moralisch umdenken, wenn wir unseren Wohlstand halten wollen!

PEINLICHES PORNOCASTING

Noch eine hammerhirnige Idee, um kurzfristig die fatale Klum-Bohlen-Lücke im Leute-Vorführ-Genre mit einem fix dahingeklöppelten Casting-Surrogat zu schließen: MISSION HOLLYWOOD! Lief immerhin ganze drei Folgen lang im Hauptabendprogramm, bevor der Rest heimlich am Nachmittag versendet wurde, weil es zur Komplett-Absetzung dann wohl doch zu teuer war ...

Die Idee: Der philantropische Sender RTL und Mehrohrtier-Star TIL SCHWEIGER erfüllen einem „Mädel" den großen Traum, internationaler Filmstar zu werden, wofür die Kandidatinnen strippen, sich Zungenküsse geben und Orgasmen vorspielen müssen. Natürlich alles angelehnt an Szenen aus ausschließlich hoch seriösen Filmen, versteht sich. (Harry & Sally, American Pie, Neuneinhalb Wochen, Lolita lässt die Lümmel qualmen – Teil 1 bis 7) Und wenn der Schwengel von Heiner Lauterbach und all den anderen sabbernden „Top-Experten" hoch genug ausschlägt, geht es eine Runde weiter!

War zwar auf Glanz und Glamour von Hollywood gebürstet, blieb aber leider Alt-Herren-Fleischbeschau auf dem Niveau einer dörflichen Miss-Wahl

für den lokalen Wurstfabrikanten. Übrigens, mit teilweise exakt den gleichen Spielchen wie vom Knatter-Casting „Deutschland sucht den Pop-Star" auf dem Beate Uhse-Kanal ein paar Jahre zuvor. Nur da ging es um die Rolle in einem Pornofilm. Aber in Hollywood gibt es anscheinend auch nur alte Wichser!

KRANKE SENDUNGEN

Überraschenderweise lieferte Sat1-Zweitsorgenkind *DIE OLIVER-POCHER-SHOW* nach Wochen des Kratzens am Quotenboden auf einmal doch erfreuliche Marktanteile. Allerdings nur die Sondersendung, in der O-Po mit Schweinegrippe vom Krankenbett aus moderierte. Weshalb jetzt fieberhaft auf allen Sendern darüber nachgedacht wird, ihn und andere schwächelnde Kollegen regelmäßig durch interessant klingende Epidemie-Viren mit ulkigen Krankheiten anzustecken, um so das abgestumpft sensationslüsterne Publikum wieder zum Einschalten zu bewegen. Bereits in Vorbereitung: Pöterpocken (Pilawa), Vogelgrippe (Carmen Nebel), Rinderwahn (Bohlen, schon vorhanden), Filzläuse (Kai Pflaume), Blasenkatarrh (Tom Burow), Wachkoma (Kerner) und Tourette-Syndrom (Marco Schreyl). Wenn das auch nicht hilft, sollen Sat1 und die ARD zwei Jahre komplett unter Quarantäne gestellt werden. Das ZDF wird voraussichtlich eingeschläfert.

PEEP-RECYCLING

Frage: Was versteht man nach eigener Aussage bei RTL2 unter einem „leidenschaftlichen Programmerlebnis mit ultimativem Fun-Faktor"? Richtig! Die lustlos aus dem Archiv gekramte Sommerloch-Wiederholung der bumspeinlichen Erotik-Schmonzette *PEEP!* Wobei man sich an diese Riesengurke der Fernsehgeschichte sehr wohl ruhig mal wieder amüsiert-verschämt erinnern darf (-auch wenn man sie wahrhaftig auf keinen Fall noch einmal sehen muss!) Im Grunde nichts als eine schmierige Schlüpfer-Talk-Show aus den verpimmelten 90ern rund um das Thema Geschlechtsverkehr, Pro und Contra. Wechselweise moderiert von *AMANDA LEAR,* die kein Wort Deutsch verstand, *VERONA FELDBUSCH,* die keine Ahnung hatte, worum es ging, und *NADDEL,* die gar nicht wusste, wo sie überhaupt war. Interessant allerdings, den jungen Pflaumes bis Pilawas aus heutiger Sicht noch einmal beim stolznaiven Gelaber über ihre persönlichen Knattervorlieben zuschauen zu dürfen. Ein schwanztastisches TV-Wixperience mit pornomativem Fuck-Fiktor!

Worte

89

PFANNE HEISS

*Lustige Anekdote aus der **Pro7-Mega-Show MODEL WG,** in der die abgelegten Klum-Körper zwangsweise im luxuriösen Luder-Loft leben müssen und dabei von Kamera-Teams lebensecht abgefilmt werden.*

Kaum eingesperrt, gab es jedenfalls schon gleich den ersten Ziegen-Zoff im Zickenheim, der für Furore sorgte! Zwei der laufenden Schminkflächen stritten sich beim Kochen, Sarah warf aus Spaß mit Gemüse, und Tessa pfefferte aus Wut die heiße Gusseisenpfanne vom Herd zurück! Gezeter und Geheule, Polizei, Strafanzeige, Terror-Tessa flog achtkantig aus der Tortenhütte. Wow, für solch dramatische Szenen wurde das Fernsehen erfunden! Aber so was passiert halt, wenn man magersüchtige Bulimie-Babes ohne psychologische Betreuung so was Artfremdes machen lässt wie „Kochen". „Sich ankotzen" kennen sie aus dem Alltag, aber dass Pfannen nicht zum Werfen da sind, sondern nur zum Braten und Schlagen, können die ja gar nicht wissen. Freue mich schon darauf, wenn die ersten prämenstruellen Beauty-Bitches im Lagerkoller mit Wattebällen werfen und versuchen, sich gegenseitig tot zu schminken oder mit dem Hornhauthobel die Pulsadern aufzureiben!

DÖRRPFLAUMEN-DANCING

*Schon während der Ausstrahlung vom Publikum vergessen, aber trotzdem eine peinliche Erinnerung wert: **YES WE CAN DANCE** im Family-Entertainment-Paradies SAT1! Unerwünschtes Promi-Restmaterial zwischen unangenehm, ungelenk und untot tanzte unbeholfen vor einem uninteressiert bis ungläubig glotzenden Publikum unvergessliche Dance-Klassiker nach. Unlustig präsentiert von Kai Pflaume und unqualifiziert bewertet von einer uninspirierten Jury. Kurz gesagt: unnötiger Unsinn!*
Und zum Glück auch ein unterirdischer Flop. Manchmal schalten die unwissenden Zuschauer halt auch zu Recht gar nicht erst ein. Unglaublich!

ARSCH VERDREHT!

Noch 'ne Sendung, die keiner brauchte, und die trotzdem nur einmal lief: *AB DURCH DIE WAND!* Moderiert vom neuen RTL-„Comedy-Traumpaar" Dirk & Sonja, die zwar noch nie Comedy war und es erst recht nie sein wird, aber es klingt halt besser als „Der lustige Dicke und die rote Nervrübe daneben". Von der Idee her so eine Art menschliches Tetris aus Japan, der Heimat unzähliger irrsinnig-überdrehter Action-Folterspiele, wo vergessene Promis durch ulkig gestanzte Löcher in beweglichen Wänden kriechen müssen, weil sie sonst ins Wasser fallen. Mann, wie lustig! Wenn man keine Ansprüche hat. So langsam haben wir ja auch eigentlich fast alle blöden Spiele in verkorksten Altstar-Demütigungs-Versionen durch. Fehlen eigentlich nur noch Mau Mau, Pac-Man, Mikado, Käsekästchen, Papierschiffe falten, Weitpinkeln und „Der Plumpsack geht um". Kommt aber bestimmt bald.

HUI BUH FÜR ARME

Häufig bleibt es einfach nicht nachvollziehbar, wie unfassbar schweinedoof einige Fernsehmacher zu sein scheinen. Und erst recht nicht, für wie absolut granatenblöd und hirntot sie ihr Publikum halten.

Nach dem gigantischen Flop von Uri Gellers vierstündigem R-Gespräch ins Weltall und all den darum herum vergeigten Reality-Mystery-Affentheatern dachte man ja fast, vielleicht hätte irgendwer etwas daraus gelernt. Doch bei Super RTL pisste man fröhlich auf diese Hoffnung der Zuschauer und schickte als Antwort *GEISTERJÄGER ROSS ANTONY* in vermeintliche Spukschlösser, um den hibbeligen Ex-Dschungelkönig dort ebenso sinnlos wie ironiefrei nach Gespenstern suchen zu lassen. Klappte aus Mangel an echten Geistern dann seltsamerweise doch nicht ganz so wie geplant – aber gruselig war es schon. Wenn auch eher unfreiwillig. Mögen dafür alle Verantwortlichen nach ihrem Tode auf ewig durch die Scheißhäuser der Sendeanstalten spuken!

Worte

DIE JUGEND ALS STRAFE

Okay, älter zu werden hat seine Nachteile, definitiv. Das unaufhaltsame Bewegen auf das wenig erstrebenswerte Lebensendziel ‚Alter Sack' hat gewiss auch etwas Deprimierendes. Aber trotzdem bin ich froh, dass ich momentan nicht mehr jung sein muss. Nicht nur, dass der geile Affe Pubertät einem viel zu viele Jahre wie ein sexuell erwachsendes Damoklesschwert in der Hose hängt und den gesamten Hormonhaushalt durch den Mixer der Emotionen püriert, nein, man muss sich auch plötzlich um so einen Pimpelkram wie Lebensplanung oder Zukunft Gedanken machen. Die so genannten ‚Erwachsenen' sind dabei wenig hilfreich, im Gegenteil. Meist nehmen sie die jungen Vollmensch-Azubis gar nicht ernst oder fühlen sich von ihrer Vitalität belästigt. Zudem erscheint die Mehrzahl der alten Arschgeigen als positives Beispiel für die Schönheit des Erwachsenseins nur bedingt geeignet.

Das Fernsehen macht es den Jungmenschen auch nicht gerade leichter. Einerseits tut es so, als würde man gerade die Heranwachsenden ganz besonders schätzen, ja ob ihrer ungebremsten Kauffreudigkeit, gepaart mit ansteigender Liquidität gar lieben und verehren, andererseits zeigt es inhaltlich weder Respekt noch Verständnis. Programmtechnisch gesehen wird auf die jungen Zuschauer geschissen! Ein großer stinkender Haufen mit Krönchen, und das übergreifend von allen Sendern.

Als ich mich einst selbst in dieser Altersstufe befand, damals, vor den Kriegen, als alles noch so viel weniger und dennoch besser war, und die Sonne so viel heller, länger und gesünder schien, ja damals sah die Welt noch anders aus. Sogar als es nur zwei

TV-Stationen gab, die stets dachten, Unterhaltung sei der Feind der Bildung, existierten gar prächtige Sendungen speziell für die Menschenwesen zwischen 6 und 16 oder so. Man konnte sogar fast sagen: Der Nachmittag gehörte den Rentnern und den Jugendlichen, die ihn mehr oder weniger fair unter sich aufteilten.

Heute interessiert das keine Sau mehr. Hauptsache, es schalten noch genügend nicht allzu alte Humpel aus Mangel an Alternativen den Kasten ein, egal zu was. Die unter 14-Jährigen zählen ohnehin noch nicht in der Wertung. Da kotzt man dem Glotzvieh bei den Privaten dann halt einfach menschen- und intelligenzverachtende Fake-Doku-Soap-Schmonzetten und Richter-Shows aus der Hölle der Amöbenmenschen vor die Füße, die letztendlich nichts als Angst vor der eigenen Zukunft machen. Denn welcher Heranwachsende möchte schon so enden wie all die lebensunfähigen Versager, in deren Wohnlöcher fette Umräum-Monster einmarschieren und die den Schuldenberater brauchen, damit er ihnen den Unterschied zwischen Plus und Minus erklärt? Und da, wo die Öffentlich-Rechtlichen einst noch um ein kompetentes Kinder- & Jugendprogramm bemüht waren, laufen heute komatöse Kaffeekränzchen, Boulevard-Banalitäten und lebensfremd verkitschte Telenovela-Luftblasen in der Dauerschleife. Für Omas und brave Enkel, die für Schokoladengeld auch wirklich jeden Scheiß mitgucken.

Einzigen Trost bieten die Redakteure, die unsere nachwachsende Generation ohne Skrupel zu derart emotionslosen Pissnelken erziehen, sie werden später einmal selbst unter ihnen zu leiden haben! Haha!

Großer Nachteil: wir leider auch!

ENDLICH ZAHLEN DÜRFEN!

Eine überraschende Nachricht geisterte kürzlich durch die verhuschte Medienwelt und ließ das deutsche Publikum in ungeduldiger Vorfreude die Öhrchen spitzen: Pfiffige Privatsender, wie z.B. die vom Volk sehr geschätzten Stationen der Pro7Sat1etcblabla-MedienAG, liebäugeln mit dem Modell des Pay-TV und würden sich demnächst für ihre Dienste vom Endkonsumenten doch gern mal gepflegt bezahlen lassen! Ein freudiger Ruck ging durch das Land, juhu, Schluss mit dem dubiosen Abzocke-Monopol der Öffentlich-Rechtlosen, endlich dürfen wir auch für die anderen Sender unseren gerechten Lohn abdrücken! Für echte Qualität zahlen wir schließlich immer gern.

Okay, es wurde flink eingelenkt, man plane nicht wirklich gleich die Umstellung zum totalen Gebührenfernsehen, aber weil die Schweinebande von der Werbung immer weniger Kohle für flächendeckende Produktinformationen aus dem Fenster wirft, müssten halt die Zuschauer mal so langsam zur Kasse gebeten werden. Auf anderen Plattformen, wie diesem ominösen Internet, über das man in letzter Zeit so viel hört, klappt das ja anscheinend auch schon ganz gut. Zwar werden dort größtenteils nur qualitativ hochwertige Serien aus dem Ausland von den Nutzern runtergeladen, die man im Fernsehen meist vergeblich sucht, aber mit der Zeit wird man den Anspruch schon noch runterschrauben können, hat im Fernsehen ja auch funktioniert.

Und wenn man den Doofen die eigenen Kreativ-Kackhaufen nur lange genug mit Goldlack besprüht und als hochwertigen Modeschmuck verkauft, werden sich irgendwann bestimmt auch mal ein paar verzweifelte Heimbewohner freiwillig eine ganze Staffel von Richterin Alexandra Hold, Nichtig & Kurz oder Gina Lisas Best Arschkisser kaufen. Okay, da kann man vielleicht nicht ganz so viel Kohle verlangen wie für richtige Sendungen, aber für die ersten 1000 Folgen als Paket sollte knapp ein Euro vielleicht schon drin sein. Ist es nicht wert, klar, aber vielleicht kann man es ja als Spende von der Steuer absetzen. Man muss die Schädelgrütze ja auch nicht wirklich anschauen, auf dem eigenen PC kann man sie ja zum Glück gleich nach dem Kauf löschen.

Andererseits, wenn man schon ein Bezahlmodell aufstellt – wäre es dann nicht auch möglich, den Anstalten für gesehene Sendeminuten eine Rechnung zu stellen? Denn sollte es sich um ein ehrliches Geschäftsmodell handeln, könnten sie für den Großteil der derzeit produzierten Fernseh-Flatulenzen ja nicht allen Ernstes Geld verlangen, das wäre ebenso skandalös wie lächerlich. Da könnte ich mich auch auf die Straße stellen und meinen alten Hausmüll verkaufen.

Vielleicht meinen sie bei der ganzen Diskussion ja im Grunde eher eine Art Entschädigungs-Zahlung für die vergeudete Lebenszeit des Publikums oder das mutwillige Zerstören der individuellen Intelligenz und medialen Vielfalt. Das wäre wiederum fair, so ein monatlicher Scheck würde vieles wieder gut machen, und wirklich klein könnte die Summe ja nicht ausfallen.

Wenn sich dann endlich noch die GEZ freiwillig bei der Polizei anzeigt, wäre die Gerechtigkeit endgültig wiederhergestellt.

DIE NOSTALGIE DER ZUKUNFT

Nostalgie ist etwas Wunderbares. Sie bringt einen dazu, sich begeistert an Dingen der Vergangenheit zu berauschen, die man damals eigentlich scheiße fand. Oder höchstens noch mittelmäßig. Doch je gütiger sich dank der gnädigen Vergesslichkeit der Schleier der Verblendung über das Gewesene legt, umso mehr verdeckt er die hässlichen Dellen der einstigen Realität.

Ganz okay + Zeit = Herrlichkeit, könnte man es mathematisch zusammenfassen. So erklärt sich aber auch, warum all die heute halbwegs Erwachsenen, die in den 60ern oder 70ern aus der Mutti gezogen wurden, immer so wunderbar verklärt über das tolle Fernsehen von damals schwärmen.

Erstens hatte man ja nichts anderes. Kein Handy, kein Internet, keine Playstation, kein i-pod – nüscht! Gerade mal einen popeligen S/W-Fernseher mit Zimmerantenne und 'nem Arsch wie die dickere Schwester von Tine Wittler, quasi Fettscreen.

Zweitens war ‚Spaß haben' noch bis Mitte der 80er höchstens was für Hippies, Drogensüchtige und Faulenzer, von der Gesellschaft nicht offiziell geduldet. Da galt noch Zucht und Ordnung, Schulbildung und Respekt vor dem Alter standen ganz weit vorne. Die gesamte Superstar-Topmodel-Partyluder-Tittenzeige-Pornovideo-Brägentot-Generation von heute wäre damals ein Fall für die geschlossene Erziehungsanstalt gewesen. Oder gleich von Papa mit Arschtritt aus dem Haus getrieben worden.

Zu der Zeit war man noch dankbar für absolut alles, was auch nur im Entferntesten nach Unterhaltung roch. Da klatschte man dann sogar vor Freude in die Hände, wenn ein spießiger kleiner Mann im Anzug beim Ertönen einer Studiosirene in die Luft sprang und ‚Spitze' rief, oder ein dickerer Mann im dunkleren Anzug stocksteif mit seinem Zeichentrick-Hund und einem Elefanten redete. Man war genügsam und bereits mit sehr wenig sehr sehr glücklich.

Egal, wie bräsig viele der Programme gewesen sein mögen und wie schleppend einem bisweilen heute die Dramaturgie erscheinen mag – sie hatten wenigstens noch eine! Man merkte, dass man sich zumindest Mühe gegeben hatte. Selbst, wenn der Griff nach den Sternen häufig mit Schmackes im kulturellen Klo endete, so doch wenigstens mit Charme und ohne Schande.

Wie leid tun mir doch da die jungen Menschen von heute. An was werden sie sich in zwanzig Jahren gemeinsam erinnern können? Wird irgendwer eines Tages von pisslangweiligen Teenie-Doku-Soaps schwärmen wollen oder davon, wie ein unbekannter affenhirniger Tütenmoderator kalauerverstrahlt krisselige Pannen-Videos aus dem Internet präsentierte? Darüber, wie irgendeine grinsende Möpsetante ulkige Promi-Charts vom Prompter ablas oder öffentlich wen zum Bumsen suchte? Was aus der gigantischen Sondermülltüte des Intelligenz-Vakuums sollte sich bei seiner bedeutungslosen Glitschigkeit heute überhaupt noch im Kleinhirn festsetzen können?

Vermutlich bleibt nichts als ein schwarzes Loch und verschämtes Schweigen. Vielleicht aber können wir bei aller Trübnis eines Tages auch einfach wieder darüber lachen … wie sich das schöne Fernsehen damals durch doofen Billig-Trash selbst zerstörte.

WER WIRD VISIONÄR?

Wie schade! Gerüchten zufolge hatte RTL geplant, zum Jahreswechsel eine Spezialfolge von WER WIRD MILLIONÄR? zu produzieren, die sich um das Fernseh-Geschehen der vergangenen Monate drehen sollte. Wurde aber nix, weil man herausfand, dass fast keiner zugeguckt hatte. Glücklicherweise wurden mir aber ein paar der Original-Fragebögen zugespielt. So ungefähr hätte eine komplette Runde bis zur Million aussehen können:

50 EURO: Wenn ich das Fernsehgerät einschalte, dann sehe ich ...

A: fern

B: besser weg

C: nichts Menschliches mehr

D: das Grauen

100 EURO:
Die Abkürzung ZDF steht für ...

A: Zentrale Diabolischer Fieslinge

B: Zweites Deutsches Fernsehen

C: Zehn Dicke Friseusen

D: Zu viele Dumme Fersager

200 EURO: Eine Maschine, die ohne Emotionen oder Widerworte ihre Arbeit verrichtet, immer lächelt und nicht schmutzt, nennt man ...

A: Roboter

B: Marco Schreyl

C: Heidi Klum

D: Florian Silbereisen

300 EURO: Eine beliebte mehrhundertteilige Telenovela im ZDF hatte den Titel ...

A: Bianca – Wege zum Glück

B: Ludmilla – Kribbeln im Schritt

C: Verona – Ritt in die Scheiße

D: Olga – Sause in die Menopause

500 EURO: Glaubt man den erfolgreichsten Reality-/Casting-Formaten im deutschen Fernsehen, so steckt in jedem von uns ein ...

A: Superstar

B: Topmodel

C: Meisterkoch

D: perverses Arschloch

Worte

1000 EURO: Wenn Pro7 irgendeine neue Wasauchimmer-Serie ins Programm nimmt, wird sie nach eigener Einschätzung automatisch zum ...

A: Talk of the Town

B: Flop of the Year

C: Fuck in the Knee

D: Whatever Sounds Cool

Letzte
100

2000 EURO: Welche attraktive Blondine ist als Verjüngungskur seit kurzem Moderations-Praktikantin bei Wetten dass ...?, um vom labernden Lockenopa Thomas Gottschalk abzulenken?

A: Angela Merkel

B: Michelle Hunziker

C: Kader Loth

D: Johannes B. Kerner

4000 EURO: Wie heißt eines der erfolgreichsten RTL-Kuppelformate für schwer vermittelbare Randgruppenmitglieder?

A: Köter sucht Baum

B: Bauer sucht Frau

C: Sender sucht Hirn

D: Arsch sucht Loch

8000 EURO: Was hat die sich selbst überschätzende Zickenziege Giulia Siegel in ihrem Präsenzkoller 2009 NICHT versucht, um sich dem genervten Publikum ins Bewusstsein zu drängen?

A: Kakerlaken im Dschungel belästigt

B: Knattersklaven im TV gesucht

C: einen peinlichen Bumsberater geschrieben

D: etwas Sinnvolles getan

16000 EURO: Unter welchem Pseudonym verkaufte die pfiffige Ex-NDR-Redakteurin Doris Heinze sich selbst ihre eigenen Drehbücher, um ihren dusseligen Schnarchsender erfolgreich zu bescheißen?

A: Marie Funder-Donoghue

B: Max Mustermann

C: Sabine Leutheuser-Schnarrenberger

D: Immanuel Kant

32000 EURO: Eva Hermann wurde entlassen, weil sie in Interviews indirekt die Verdienste welches nicht unumstrittenen deutschen Politikers lobte?

A: Sigmar Gabriel

B: Helmut Kohl

C: Adolf Hitler

D: Mario Barth

64 000 EURO:
Wenn beim ZDF zufällig jemand fähig und kompetent ist,
dann wird er ...

**A: gemobbt und
ausgelacht**

**B: auf Drängen der
CDU entlassen**

C: zum Alkoholiker

**D: beten, dass das
ja keiner merkt.**

125 000 EURO:
Welcher Mentalist wurde in der ersten Staffel siegreicher
Gewinner des Titels „The Next Uri Geller"?

**A: Rabenflüsterer
Vincent Raven**

**B: Schweinepriester
Freddy Ferkel**

**C: Pimmelbieger
Petrus Penis**

D: Guido Westerwelle

500 000 EURO: Wie nennt man Formate, in denen auf
dokumentarische Art vermeintlich wahre Geschichten
mental geschädigter Autoren mit besonders schlechten
Laiendarstellern sauschlecht und schweinebillig
heruntergekurbelt werden?

**A: Arbeits-
verweigerung**

B: Doku-Soaps

C: IQ-Bulimie

D: Einfach Scheiße!

1 000 000 EURO:
Der Erfinder des Fernsehens ist ...

A: Furzfred von Fernsehen

B: Robert Oppenheimer

C: Satans debiler Bruder

D: ein ganz armes dummes Schwein

Ehrlich gesagt, ich hätte schon bei der ersten Frage alle Joker verbraten!

Worte

HELFT DEN SENDERN!

Liebe Zuschauer!

Die Situation ist schlimmer als erwartet, wir dürfen die Augen
nicht länger vor der traurigen Realität verschließen. Unseren Fern-
sehsendern geht es sehr, sehr schlecht. Nicht nur psychisch, auch
finanziell. Diese seltsame Konjunkturflaute macht sogar vor den
kreativen Tempeln der Fröhlichkeit keinen Halt, die so selbstlos
und aufopfernd um unsere spirituelle Erbauung bemüht sind.

Die Werbekunden brechen weg, hört man immer wieder, einfach
so, wie trockenes Geäst in der Baumkrone der Unterhaltung. Weil
das engstirnige Volk die Dummheit und Gier der Großen aber nicht
durch verstärkten Kaufwillen auszugleichen bereit ist, stagniert
die Wirtschaft, die Insolvenz verbreitet sich schneller aus als die
Schweinegrippe und keiner schaltet mehr Werbung, weil die igno-
ranten Pisser vor der Glotze sich wohlig in ihrer schönen Armut
suhlen und sowieso nix mehr kaufen! Ein Teufelskreis. Nur, woher
bitteschön soll dann die ganze Kohle für die vielen wunderbaren
Qualitätsprogramme kommen, die unsere Herzen so mit Freude erfüllen?

Die Öffentlich-Rechtlichen kriegen die Asche zwar von uns nach
wie vor in den breit gesessenen Anus geschoben, aber da immer
mehr Bürger in die private Pleite plumpsen und sich von den Gebühren befreien lassen, fehlen nach internen Berechnungen bis
2012 um die 400 Millionen Euro. Okay, Kerner ist jetzt weg, das
gleicht den Verlust beim ZDF wieder etwas aus. Und mit der Knete
für die Aufrechterhaltung des irrsinnigen GEZ-Apparates und ihren
mobilen Spitzel-Kolonnen könnte man im Grunde auch eine ganze
Menge schönes Programm machen, aber das wäre zu vernünftig.

Bei den netten Kollegen der Privat-Stationen ist es noch bitterer.

RTL kündigt drastische Sparkurse an, und es ist wohl kein Zufall, dass nach Veröffentlichung der Pro 7-Sat1-Geschäftszahlen das nationale Wirtschaftswachstum um weitere vier Prozent nach unten korrigiert werden musste.

Nur, was bedeutet das alles für uns? In erster Linie, dass das TV-Programm in naher Zukunft mit absoluter Sicherheit noch beschissener werden wird! Und wenn Sie jetzt denken, das ginge ja gar nicht – oh doch, warten Sie mal ab! Glauben Sie bloß nicht, Sie hätten bereits alle Clip-Countdown-Sketch-Bullschit-Casting-Richter-Grinsefressen-Formate gesehen. Oder es gäbe keine Sprosse der sozialen Abstiegsleiter mehr, die nicht bereits mehrfach durch eine inszenierte Pseudo-Doku-Soap ins Licht der Öffentlichkeit erbrochen wurde. Nein, glauben Sie mir, es geht alles noch viel, viel schlimmer!

Deshalb lassen Sie uns helfen. Spenden Sie. Schicken Sie den Sendern Geld, im Umschlag, in Aktien, in Briefmarken. Stellen Sie sich mit einer Panflöte neben einen alten Röhrenfernseher in die Fußgängerzone und sammeln Sie. Verzichten Sie auf unnötige Luxusartikel wie Kleidung oder Brot und geben Sie denen das Geld, die es dringender brauchen und noch weniger damit umzugehen wissen als Sie selbst. Eigene Wünsche, vernünftige Vorschläge oder neue Ideen brauchen Sie nicht einzusenden, die werden ohnehin nicht beachtet. Vielen Dank.

GROSSE FRESSE, NIX DAHINTER!

Ich bin echt der Coolste! Yeah, fuck, I'm the man, das weiß ich! Steht so auf meinem T-Shirt, und sogar meine Mutter sagt das. Ich bin voll lässig, sehr lustig, hochintelligent und extrem bescheiden. Theoretisch kann ich eigentlich alles, vor allem auch Singen, Leistungssport und Modeln, weil das, was diese ganzen so genannten Promis können, kann ich erst recht. Das ist ja nun echt keine Kunst, dies bisschen Grinsen in die Kamera und Geradeauslaufen. Ich bin außerdem der Mega-Lover und habe ohne Frage den Längsten. Manchmal, wenn mir das alles bewusst wird, schaue ich mich im Spiegel an, laufe ein paar Stunden lang nackt mit einer Mördererektion durch die Wohnung und hänge an meinem Lümmel Wäsche zum Trocknen auf, Bettlaken zum Beispiel oder ein Dutzend Badetücher. Wäre ich eine Frau, ich hätte mir bereits selbst ein Kind gemacht!

So oder ähnlich denken viele Männer von sich. Müßig zu sagen, dass es sich in diesem Falle meist um ganz besonders armselige Sackgesichter ohne Eigenschaften mit pickelgroßen Stumpenpimmeln handelt, deren IQ im unteren Drittel der Schabentier-Skala angesiedelt ist. Allerdings sind sie von der gütigen Evolution mit genügend Blödheit gesegnet, dies nicht zu begreifen. Denn Coolness liegt nun einmal nicht in der Behauptung, sie zu besitzen. Sie besteht im Wissen um die eigene Fehlbarkeit bei gleichzeitigem Bemühen, stets das Beste zu geben. Wahre Größe lässt sich durch Taten selbst entdecken, nicht durch die Lautstärke, mit der sie behauptet wird. Je größer die Fresse, desto mickriger die Gestalt, die sie aufreißt – eine mathematische Tatsache.

Umso trauriger, alle Jahre wieder zur Zeit der regelmäßig stattfindenden Radio-Reichweiten-Messungen über die Ätherwellen
und Litfasssäulen des Landes mit besonders extremem Mastur-
bationsgehabe beinahe sämtlicher deutscher Stationen belästigt
zu werden. ‚Die größten/meisten/besten/abgenudeltsten Mega-/
Giga-/Ultra/Pipi-Hits aller Zeiten', die ‚lustigste/überschätzteste/
stinklangweiligste/kackenblödeste Morning-Show', die meiste Ab-
wechslung, die lautesten Moderationen, die pointenloseste Wit-
zigkeit, die brechreizerregendste Selbstbeweihräucherung, das
inhaltsloseste Gewäsch, die häufigsten Zeitansagen, die am meisten über sich selbst lachenden Arschgeigen, vom Besten nur das
Besteste – fast könnte man über den bekloppten Krieg der sinn-
losesten Superlative lachen, wenn er nicht so absolut erbärmlich
wäre.

Kaum ein Medium schreit die eigene Schwanzlosigkeit und intellektuelle Impotenz derart laut in die Welt wie das Radio, selbst
das Fernsehen bemüht sich da bisweilen um einen Hauch von
Subtilität. Wären die Radiosender Menschen, sie wären längst in
psychiatrischer Behandlung und/oder weggesperrt, hätten keine
Freunde und würden zusammen mit den DSDS-Versagern auf Bier-
fest-Bühnen ausgelacht.

Außerdem bekämen sie mindestens einmal täglich von irgendwem
eins in die Fresse, weil sie nach dem Onanieren immer alle Bekannten anrufen und erzählen, sie hätten sich verliebt. Der Grad
zwischen gesundem Selbstbewusstsein und dämlicher Arroganz ist
nun einmal schmaler als die meisten glauben.

ALLES SO WIE IMMER!

Immer wenn es einem Sender eigentlich extrem peinlich ist, was für eine kreuzbescheuerte Vollbunken-Sülze er da mal wieder in den Äther abgeseilt hat, zieht er mit lässig anmutender Hilflosigkeit die ultimative Rechfertigungs-Trumpfkarte aus der Phrasenfibel für Scheißeschönredner: ‚Aber das Publikum will ja leider genau das sehen!‘ Tja, was kann man darauf schon antworten? Vielleicht: ‚Sprich nicht für mich, du dummes arrogantes Arschloch, ich bin auch das Publikum und will ganz bestimmt nicht, dass deine verdreckte Hirngrütze meinen Bildschirm besudelt!‘

So was in der Art wäre zumindest inhaltlich korrekt, wenngleich auch etwas zu höflich. Der clevere Redakteur aber würde als Erwiderung nur feist grinsend einen Ordner mit krickeligen Verlaufskurven und Einschaltquoten-Diagrammen auf den Tisch legen und uns allen darauf punktgenau beweisen, wie sehr eben dieser dusselige Dreck beim imaginären Quotenpublikum gesehen, geschätzt und innig geliebt werde. Doch selbst wenn die Interpretation der launischen Marktanteils-Ergebnisse durch kaum messbare Zahlen eine desaströse Ablehnung der Zuschauer nahe legen würde, könnte der lachende Unterhaltungsverbrecher mit irgendwelchen aus dem Analbereich gezauberten Rezipienten-Analysen zweifelsfrei aufzeigen, dass genau die gleiche Lulle aber zu anderer Zeit auf einem anderen Programm in einem fernen Land hinter dem Regenbogen irgendwann einmal ganz besonders dolle super abgeschnitten hat. Und was das Publikum irgendwo einmal irgendwie toll fand, will es in seiner tumben Einfältigkeit ja ganz bestimmt immer wieder exakt genau so noch mal sehen, oder? Macht zwar wenig Sinn, aber solange das keiner merkt, vermindert es für den Redakteur die Eigenverantwortung, und er kann früher ins Wochenende.

Ein bisschen herrscht bei den TV-Verantwortlichen die Mentalität eines Achtjährigen, der den Erwachsenen beim Familienfest einen Witz erzählt und dafür freundliches Kichern erntet, diesen dann im Laufe des Abends noch einige Dutzend mal wiederholt und einfach nicht verstehen kann, warum keiner mehr lacht und er irgendwann bloß noch den Arsch versohlt bekommt. Neben all der vielfältigen Schrott-Produktion hat man in anderen Ländern nämlich zumindest eins begriffen: Den maximalen Effekt beim Gewinnen der Publikums-Sympathie erreicht man nun mal nicht durch die Wiederholung, sondern die Überraschung! Der Zuschauer lässt sich in erster Linie begeistern von dem, was NEU ist und von dem er vorher noch gar nicht wusste, dass er es überhaupt einmal gern sehen würde. Zu glauben, sobald ihm einmal etwas gefallen habe, wolle er von nun an alles andere immer auch exakt genau so haben, ist ungefähr so klug, wie alle Kinder im Hochsommer in Schal und Wollmütze zu wickeln, weil das im Winter ja so gut geklappt hat. Die tollste Statistik kann eben nur helfen, wenn man nicht zu blöd ist, sie auch richtig zu lesen.

Aber da das nun mal leider kompliziert ist und das Abschalten des Autopiloten im bequem dahindämmernden Restverstand bedeuten würde, bleibt für uns beim Beschreiben deutscher TV-Ware wohl weiterhin nur der eine Satz relevant: ‚Das ist so ungefähr wie …‘! Nur leider eigentlich immer ohne das, was das jeweilige Original eben überraschend oder überragend machte.

Probieren Sie es ruhig mal selber aus, das ist ein schönes Partyspiel. Nehmen Sie irgendeine neu gestartete deutsche Serie, lesen Sie die Info oder schauen Sie eine Folge – und los geht's, es wird immer funktionieren! ‚Das ist ungefähr wie CSI trifft SIEBEN, aber mehr so mit Schauspielern zwischen GZSZ und SALESCH, voll düster, aber trotzdem schön hell und mit tollen Wendungen, die man aber sicherheitshalber schon alle am Anfang ahnt'. Oder ‚so was zwischen SEX & THE CITY und DESPERATE HOUSEWIVES, nur ohne Sex und ohne City und ohne Hausfrauen, mehr so junge Mädchen, die noch weniger können als sie anhaben, mit ohne Gags oder störender Handlung, im Industriegebiet von Düsseldorf statt New York'. Und der Hauptdarsteller ist so 'ne Mischung aus Dr. House und Monk, nur nicht so zynisch oder gestört, mehr so Richtung nett und austauschbar und gut aussehend, eigentlich auch 'ne Frau, lesbisch, steht aber auf Männer, und das ganze ohne Drehbuch als Doku-Soap mit Laiendarstellern, ist billiger. Aber sonst wirklich genauso – das MUSS doch einfach ankommen, oder?

Irgendwie ziemlich traurig, wenn man keine eigene Identität hat.

FRAUEN IN DER KRISE

Es ist heutzutage wirklich nicht mehr so leicht, eine Frau zu sein. Wie definiert man sich als moderne, selbstständige XX-Chromosomenträgerin? Welchem der vielfältigen Rollenklischee-Rudel soll man sich zugehörig fühlen, um ein erfolgreiches Leben in der Gemeinschaft aufrichtiger Weiblichkeit führen zu können? Irgendwie hatte Eva Hermann schon recht: Früher war das alles viel einfacher, als diese verschreckende Vielfalt der stark überschätzten Individualität noch nicht existierte und sich das Weib glücklich auf ihre von Gott gewollte Unterwerfung durch das universell überlegene Mannswesen konzentrieren konnte. Solange man nicht nachdachte oder versuchte, selbst etwas zu empfinden, wurde man zumindest vor schmerzhaften Fehlentscheidungen beschützt.

Heute ist das anders. An jeder Straßenecke steht eine vermeintlich starke Heldin und versucht ihren Geschlechtsgenossinnen zu zeigen, wie man das Frau-sein-nach-Zahlen-Buch des Lebens korrekt auszumalen hat.

Da hätten wir zum Beispiel die sich sinnfrei durch die Existenz kichernden Label-Schlampen der Sex & the City – Generation, die, durch die intellektuelle Windhose der persönlichen Hohlheit geschleudert, ihre eigene Wertigkeit durch die Namen auf den Design-Etiketten ihrer Blusen oder kitschigen Mauken-Ummantelungen bestimmen. Ab und an dann noch einen Prosecco oder ein Cocktailchen, beidseitig über die Schulter gespuckte Luftküsslein zur Begrüßung und der Austausch frivoler kleiner Knatter-Abenteuer unter Verwendung frecher Oops-Wörter, um von der eigentlich grundsoliden Spießigkeit abzulenken, das gibt feminine Verlogenheit made in America, das Rote-Teppich-Romantik-Luder, das bei Pretty Woman immer weinen muss.

Dem entgegen steht die neue europäische Weiblichkeit, voll gegen den Trend, ey, so irgendwo zwischen ungezügelt propagierter Fotzenpower der ums Verrecken provozieren wollenden Stumpfkuh Lady Bitch Ray und den verschwitzten Arschrasuren und Muschikraulereien aus Charlotte Roches Feuchtgebieten. Da wissen die Medien ja gar nicht mehr, in wessen Werken sie sich mit schockierterer Schein-Entrüstung zuerst suhlen sollen. Gepriesen sei das Recht auf wuchernde Achselhaare, müffelnde Unterwäsche und zelebrierte Ekligkeit als pseudo-rebellisches Zeichen moderner Emanzipation, hurra! Also irgendwie so. Feministisches Furzen für die Freiheit. Im Grunde aber nichts als die gleiche inhaltsfreie Dummheit der Schicki-Püppchen-Fraktion, nur mit anderen Mitteln an die Öffentlichkeit getragen. Denn belanglose Blödigkeit lässt sich weder wegschminken noch wegstinken.

Was also tun als Frau? Welchem Übel der Massenexistenz soll man sich anschließen, wenn man nicht aus der eigenen Herde ausgestoßen werden will? Sollte man sich besser alle zwei Stunden schminken oder nur alle drei Wochen waschen? Und wie geht man mit paradoxen Gefühlen um, wenn man trotz Prada-Tasche und Manolo-Schühchen mal gepflegt einen fahren lassen will?

Wir Männer haben das da viel einfacher. Wir machen, was wir wollen und fühlen uns toll dabei. Also jedenfalls tun wir so. Das macht uns vielleicht nicht wirklich sympathischer, aber doch ein Stück weit entspannter.

WIDERWÄRTIGER BLÖDSINN!

Ein bisschen beleidigt war ich da ja schon, als Marcel Reich-Ranicki damals seinen Fernsehpreis ablehnte und bei der Veranstaltung live über die allgemeine Niveaulosigkeit im TV meckerte! Also nicht wirklich wegen ihm, sondern vielmehr aufgrund des darauf folgenden Medien-Tsunamis zu diesem Thema!

Ganz ehrlich: Da wettert man selbst bereits seit Jahren auf das deutsche Fernsehen, beleidigt es samt all seiner grinseärschigen Protagonisten aufs Kreativste, unterwandert das System, motzt und rotzt und klagt und schimpft, aber irgendwie scheint das keine Sau zu interessieren. Lass den kleinen dicken Mann ruhig reden, sagen sich die Verantwortlichen, ist doch niedlich, wie er sich aufregt, hahaha! Sicher hat er recht, irgendwie, aber wir können halt nix dagegen tun, ist nun mal so, lalala, komm, wir ziehen die Nase noch mal längsseits des Schreibtischs und machen früh Feierabend!

Doch kaum kommt da so ein 88-jähriger Literaturpapst daher, schmeißt aus rechtmäßig genervter Langeweile den ehrenwerten Gästen des hehren deutschen Fernsehpreises ihre Statue vor die Mauken und sagt, dass er die gesammelte Grütze in der Glotze richtig zum Kotzen findet, da stehen sie alle da mit offenem Maul und glotzen wie 'ne Kuh, wenn's donnert! Und plötzlich fängt die ganze Nation an zu diskutieren, die Medien beißen sich wild drehend in den eigenen Schwanz, und alle fragen: Moment mal – ist das ganze Programm etwa in Wirklichkeit gar nicht so toll wie die Trailer bei RTL und SAT1 es immer behaupten? Aber die würden doch nicht lügen? Oder???

Worte

Seien wir ehrlich: Der Zusammenbruch des internationalen Finanzmarktes war schon nicht wirklich schön. Den ganzen Bankern hatten wir schließlich auch all die Jahre vertraut, einfach, weil sie so seriös lächelten und immer eine Krawatte trugen. Aber wenn jetzt auch noch unsere alte Mutter Fernsehen eine Betrügerin sein soll, dann ist irgendwie das Grundvertrauen zerstört.

Ergo formierten sich blitzschnell die ersten Bürgerwehren des Publikums-Pöbels und riefen dem knitterigen Kritiker lautstark zu, er solle doch stille sein, der alte Mann! Wer die herrlichen Unterhaltungs-Pralinen unserer televisionären Zuckerbäcker nicht zu schätzen weiß, der möge doch einfach abschalten und so ein verschissenes Buch lesen, auf das sich diese ganzen Intellektuellen immer einen runterholen! Worauf die andere Seite konterte, da sähe man doch gleich, wie doof das Fernsehen die ganzen Blöden gemacht habe, die wären mit ihrer Dämlichkeit auch selber schuld, dass sie nur Schwachsinn vorgesetzt bekommen! Und der mittelständische Familienvater schaute noch einmal stolz auf sein einst so mühsam erschlichenes Abiturzeugnis, nahm einen Schluck verdientes Bier auf die gehobene Schulbildung und schaltete, sich nachdenklich am Sack kratzend, um zu Aspekte, um noch irgendwie die Wartezeit bis zu den Sexy Clips auf DSF rumzukriegen.

Was lernen wir nun daraus? Das Fernsehen ist entweder ein großer Haufen aufgepumpter Schwachsinnskacke oder pseudo-inellektuelle Flatulenz im Kulturdarm, schön ist beides nicht. Recht hat er also im Grunde, der Reich-Ranicki, selbst wenn das Programm, das er gern hätte, auch niemand überleben würde. Ob man sich allerdings über all das aufregt oder ein Bär im Wald einen fahren lässt, kommt inhaltlich aufs Gleiche raus.

Also am besten Augen zu und durch, Fernseher anschalten, Gehirn abschalten, die Scheiße als Dünger akzeptieren und die wohlige Wärme der unbegründeten Zufriedenheit genießen. Lieber doof und glücklich als klug und scheiße drauf, oder?

THE RETURN OF WEIHNACHTEN

Alle Jahre wieder ist es wieder so weit: Weihnachten steht vor der Tür!

Die teuerste Zeit des Jahres, wenngleich irgendwie auch die schönste. Vor allem aber die Zeit der Errettung und Erlösung, denn all die Monate wirtschaftlichen Darbens im Klein- und Großhandel finden ihren glücklichen Ausgleich für den Jahresabschluss an den kauflustigen Adventstagen. Die einzigen Wochen hemmungslosen Geldausgebens, chronischer Maßlosigkeit und glühweinklebriger Hirnschmelze. Der fette Weihnachtsmann ist längst zum skrupellosen Erfüllungsgehilfen des internationalen Kapitalismus verkommen.

Und das ist gut so! Denn Konsum ist in Zeiten der Banken-Bulimie kein Luxus, sondern Pflicht, das wissen wir alle. Wer dieses Jahr mit so schissigen Schwuchtel-Ideen wie ‚Man kann sich ja auch mal nichts schenken' um die Ecke kommt oder was aus alten Kastanien bastelt, ist ein stinkender Kommunist und gehört auf offener Straße angespuckt!

Besinnen wir uns endlich wieder auf unseren gesunden Egoismus. Nächstenliebe, Hilfsbereitschaft und dieser ganze Weiberkram müssen mal kurz Mittagspause machen, während wir der krüppeligen Wirtschaft wieder auf die Beine helfen. Wenn es uns dann selbst besser geht, können wir ja vielleicht auch wieder anderen helfen, falls uns wirklich nichts Schlaueres mit dem Geld einfällt. Jetzt denken wir erst mal schön an uns.

Vorsicht deshalb auch vor dieser ganzen unkoordinierten Spenderei. Kurz vor Weihnachten tut ja jeder noch so seelenlose Schweinesender immer so, als hätte er so etwas wie ein Stück Herz oder einen ranzigen Rest Gewissen, und sammelt daher medienwirksam für irgendwen in irgendeiner Not. Da verweisen wir doch lieber mit Recht auf den scheinheiligen Zynismus solcher Aktionen und behalten die Asche schön für uns, hohoho! Selber fressen macht fett, und man kann ja immer sagen, man würde lieber freiwillig nächstes Jahr einfach mal so etwas geben. Hat bis Januar eh jeder vergessen. Geben wir es endlich zu: Weihnachten ist nicht das Fest des Gebens, sondern des Bekommens!

Im Fernsehen hingegen ist es vor allem das Fest der Trägheit und Beständigkeit. Rituell abgestumpft lassen wir uns alle Jahre wieder die exakt gleiche Schale Schmalzkringel vor die Runkel setzen wie seit ewigen Zeiten, so als könnten einem durch neue Programme die Nadeln von der Tanne fallen. Wäre der Hintern nicht breiter geworden, man könnte denken, es wäre immer noch letztes Jahr.

Egal, was auf der Welt geschieht und in welchem Millennium wir uns befinden: Heiligabend werden immer Marianne & Michael im ZDF an der Krippe stehen und das imaginäre Jesuskind anknödeln, und in den Programmtrailern aller Sender wird wieder Kunstschnee schuppengleich die Schultern der selig grinsenden Moderierfressen bestäuben, während der Kitsch aus dem Bildschirm suppt, bis wir den Boden wischen müssen.

Aber wie immer werden wir das alles lieben und brav mitspielen. Bis wir am Silvesterabend den sentimentalen Stecker aus dem verzuckerten Arsch des Jahres ziehen und uns die Lampe anzünden, bis die Erinnerung verglüht. Frohe Weihnachten!

DER TAG, AN DEM DIE QUOTE STILLSTAND

Die allerschlimmste Horror-Vision, die sich ein treuer Fernseh-schaffender nur vorzustellen vermag, ist vor einiger Zeit wahr ge-worden: Am 1. Juli 2009 konnten aufgrund technischer Probleme keine Einschaltquoten bekannt gegeben werden! Furchtbarer geht es kaum, dagegen ist ein Tsunami nichts als eine Flatulenz im Wasserglas.

Das gesamte Medium versank in einer universellen Sinnkrise: Wa-rum haben wir dann überhaupt gesendet? Wozu die Mühe? Mit welchen Argumenten sollen wir unsere Verbrechen am Publikum legitimieren, wenn keine Zahlen für ihre vermeintliche Akzeptanz vorliegen? Etwa durch gesunden Menschenverstand oder unseren eigenen Geschmack? Vergiss es! Dann können wir ja gleich dicht-machen, bei der gequirlten Scheiße zwischen Hirntod und Au-genkotze, die wir alle senden. Und was, wenn gerade gestern die Folge 7243 von Richterin Barbara Walfisch (Samenraub mit Todes-folge durch homosexuelle islamische Fundamentalisten in einem Kölner Fitness-Center, gespielt von der Jazztanzgruppe Ü40 aus Bocklemünd) von 96% der werberelevanten Zielgruppe gesehen worden wäre und es nun niemand erführe? Oh gütiger Gott der Marktanteilsmessung, wieso hast du uns bloß verlassen?

Zum besseren Verständnis ein paar Schritte zurück: Da gibt es die GfK, das Zentrum zur Messung höchst veritabler Daten zur Media-Nutzung, die eine ganze Menge nützlicher und verlässlicher Infor-mationen liefert. Nur halt nicht die reale Zuschauerzahl oder den wirklichen Marktanteil aller eingeschalteten Geräte. Das ist eher ‚ungefähr circa pi mal Daumen oder so‘, da nur von 5640 Geräten Worte auf alle Bürger hochgerechnet. Und dies quasi ohne Berücksichtigung der GEZ-befreiten Studenten, Rentner, Arbeitslosen, Ausländer, usw., sowie unter Auslassung der Nutzung über DVD, Internet, Festplatten-Aufnahme und alle anderen Formen der Massenkommunikation.

Lustigerweise ist allerdings eben jener höchst ungenaue Wert der GfK der einzige, der sowohl von sämtlichen Fernseh-Verantwortlichen als auch vom Publikum wider besseren Wissens stets als real angenommen und zitiert wird. Auf absurde Weise amüsant, aber im Grunde mehr als doof. Denn genau diese Zahl, die es im Grunde gar nicht gibt, ist die einzige gültige Währung im täglichen TV-Geschäft und entscheidet über Ausrichtung, Leben und Sterben einer jeden Sendung.

Nun versucht die GfK angestrengt, ihre Datenerfassung zu modernisieren und der heutigen Zeit anzupassen. Was konkret bedeutet, dass inzwischen auch bis zu 16 Gäste mit angemeldet werden können und DVD-Aufzeichnungen registriert werden, falls sie innerhalb von zwei Tagen angeschaut werden. Sehr vernünftig, denn wie oft sitzt man beispielsweise mit 16 Kumpels zusammen und schaut sich noch mal die besten Szenen aus den Tagesthemen von vorgestern an, oder feiert fröhlich in großer Runde, wie Gina Lisa sich für taff ihre Hühneraugen piercen lässt oder irgendeine grinsende Furznasenfunzel die tollsten Funny-Video-Charts aus dem Internet präsentiert. Fernsehen ist ja immer ein Grund zum Feiern.

Nur ohne extern ausgewiesene Existenzbegründung für den ganzen Mumpitz funktioniert das nun mal nicht, wie irreal zusammengeschustert auch immer. Denn die ganze lieblos hirnfrei produzierte Zuschauerverarschung allein vor Gott, sich selbst und dem eigenen Gewissen zu verantworten, würde selbst ein geisteskrankes Borstenschwein vor Scham nicht aushalten. Geschweige denn ein eierloser Fernsehredakteur.

NIMM! MICH! WAHR!

Eines der größten Probleme des ohnehin reichlich anstrengenden Homo sapiens ist sein überproportional ausgeprägter Geltungsdrang. Er gibt sich nicht, wie die meisten anderen Tiere, einfach dankbar mit seiner schieren Existenz zufrieden, nein, er will unbedingt, dass möglichst die ganze Welt davon erfährt.

Früher war das zugegebenermaßen ziemlich schwierig, da musste man schon eine Religion gründen, König werden oder einen Weltkrieg anfangen, sonst sprach sich der Name außerhalb der eigenen vier Wände niemals vernünftig rum. Bei der heutigen Medienvielfalt ist das einfacher. Temporäre Vortäuschung ruhmähnlicher Bekanntheitsgrade sind recht simpel herzustellen, denn irgendwie mal mit irgendwas ins Fernsehen zu kommen ist mittlerweile ein Kinderspiel, insofern man nichts dagegen hat, der eigenen Würde auf den Kopf pinkeln zu lassen.

Dem Rest der um Aufmerksamkeit heischenden Eimerköppe bieten Handy und Internetplattformen genügend Raum zum Präsentieren der eigenen Bedeutungslosigkeit. Besonders beliebt ist dabei der so genannte Blog, eine Mischung aus geheimem Tagebuch, das man ans Schwarze Brett nagelt, und dem Tagesabschluss-Bericht in dreifacher Ausfertigung für den Chef. Nur, dass die Verfasser hier meist weder einen Chef noch ein interessantes Leben vorzuweisen haben. Generell lässt sich folgende allgemeingültige Regel aufstellen: Je weniger ein Mensch zu sagen hat, desto größer scheint sein Drang, dies dem Rest der Welt mitzuteilen.

Besonders angesagt auf dem Parkett der digitalen Selbstdarstellung ist das ‚Twittern', eine gleichsam nutzlose wie uninteressante Rund-SMS an hunderte Menschen, die man glücklicherweise nicht kennt, die aber aus unerfindlichen Gründen über möglichst jeden Worte deiner Schritte informiert sein wollen. Damit man auch mal weiß, was der andere so macht den ganzen Tag, besonders spannend natürlich bei Promis. Ein Pling auf dem Handy mit der brandheißen Nachricht ‚Bin erst mal kacken!' von Barack Obama ist zum Beispiel schon was Tolles für den verstopften Normalo von nebenan. Oder ein von Heidi Klum sexy getwittertes ‚Bin gerade total normal aus meinem VW gestiegen und stehe jetzt in meinen Birkenstock-Sandalen vor Douglas und esse ganz natürlich einen lecker Big Mac mit Katjes. PS: Nicht vergessen – Top Model gucken!' Das interessiert die Fan-Gemeinde und schafft eine persönliche, emotionale Bindung.

Allerdings möchte ich persönlich auch gar nicht wirklich alles wissen, erst recht nicht von jedem! Stellen wir uns nur einmal vor, wie es gewesen wäre, wenn Hitler getwittert hätte. Beziehungsweise gehitlert. ‚Eva geht mir auf den Sack! Ich glaube, ich marschiere nach Polen.' Hätte es auch nicht besser gemacht. ‚Scheißenkalt in Stalingrad. War 'ne blöde Idee!' Genauso überflüssig wie ‚Sitze in meinem Bunker und habe keinen Bock mehr. Ich glaub', ich zünd' mich an! ... LOL!!!'

Aber auch von den ganz gewöhnlichen Arschgeigen mit Sinn- und Freundesmangel im Leben bekommt man als SMS-Spanner die aufregendsten Infos über den Tag verteilt, von ‚Muss mal zum Kiosk' über ‚Wollte nur kurz sagen, dass es nix Neues gibt!' bis hin zu ‚Überlege heute Abend einen fahren zu lassen. Melde mich noch mal!' Hauptsache man hat das Gefühl, irgendwer liest mit, dann macht auch der dümmste Furz plötzlich Sinn.

Und wenn man richtig berühmt ist, kann man natürlich auch wie Boris Becker sein eigener schlimmster Paparazzi werden, die täglichen Highlights selbst auf Video filmen und eine ganze eigene Website dafür aufbauen. Das ist dann allerdings schon eher ein Fall für einen guten Therapeuten. Vom Besuch dort kann man dann ja wieder twittern.

NACHRUF AUF DAS DEUTSCHE FERNSEHEN

GESTORBEN: Deutsches Fernsehen (57)

Vom Großteil des Publikums unbemerkt ist das Deutsche Fernsehen nach langer Krankheit im Alter von 57 Jahren verstorben. Die Leiche wurde von der Polizei in der eigenen Wohnung aufgefunden, wo sie anscheinend bereits mehrere Wochen gelegen haben muss. Zuschauer hatten sich bei den Behörden über den strengen Geruch und die extreme Zunahme an unerträglichen Sendungen auf seinen Kanälen beschwert.

Obwohl der Körper den Betrieb noch immer aufrecht erhält und bis auf Weiteres nicht vollständig abgeschaltet werden kann, konnten die Ärzte keinerlei Hirnaktivität mehr feststellen. Der Tod ist nach Ansicht der Sachverständigen vermutlich irgendwann zwischen Weihnachten und Neujahr eingetreten, als nur Wiederholungen liefen und sich niemand mehr um die Programme kümmerte.

Die Autopsie ergab, dass das Deutsche Fernsehen wahrscheinlich den Folgen eines letalen Drogencocktails erlegen ist. Während in den Blutbahnen der Privatstationen diverse, meist illegale Aufputschmittel nachgewiesen werden konnten (Amphetamine, Ecstasy, Koffein, Crack, Blasentee, LSD, GHB, Kokain, Fusel, Speed, Klebstoff, Vicodin, Prosecco), waren in den öffentlich-rechtlichen Organen Überdosen zahlreicher Sedativa und Tranquilizer anzufinden (Valium, Baldrian, Cannabis, Klosterfrau Melissengeist, Arsen, Bach-Blüten, K.O.-Tropfen, Antidepressiva, warmer Kakao). Diese extreme Mischung führte nach Angaben der Kritiker und Mediziner nacheinander zu Übelkeit, anaphylaktischem Schock, Quotenpanik, Produktivitätslähmung, Angststarre, depressiver Hysterie und letzten Endes ins kreative Koma.

Das Fernsehen hatte in den vergangenen Jahrzehnten wiederholte Male durch spektakuläre Programm-Innovationen auf sich aufmerksam gemacht, zu nennen wären beispielsweise die Erfindung des ZDF, das Farbfernsehen, Zweikanalton, Schleichwerbung und das Wort zum Sonntag. Durch die Abschaffung des Sendeschlusses mit Testbild eröffnete sich auch den Frauen der aktive Einzug in das Medium, wenngleich meist unbekleidet.

Nach zahlreichen erfolgreichen Jahren zeigten sich durch Gier und Faulheit der Programmverantwortlichen langsam Ermüdungserscheinungen des Fernsehens. In der Folge orientierte sich das Publikum zunehmend an neuartigen Unterhaltungsformen wie Computerspielen, Kino, Internet, Rausgehen, Schlittschuhlaufen und Geschlechtsverkehr. Durch das unreflektierte Abspielen kostengünstig produzierter Reality-Fake-Formate und seelenloser Casting-Shows verwandelte das Fernsehen sich im Laufe der Jahre mehr und mehr zum inhaltsleeren Bügelbegleitmedium und sendete sich in die eigene Bedeutungslosigkeit. Während es sich in vielen Ländern auch heute noch einfallsreich und lebendig präsentiert, begann in Deutschland bereits in relativ jungen Jahren sein schöpferisches Siechtum.

Das Deutsche Fernsehen hinterlässt keine Frau und keine Kinder. Die Beisetzung findet in kleinem Kreise irgendwann live im Internet statt.

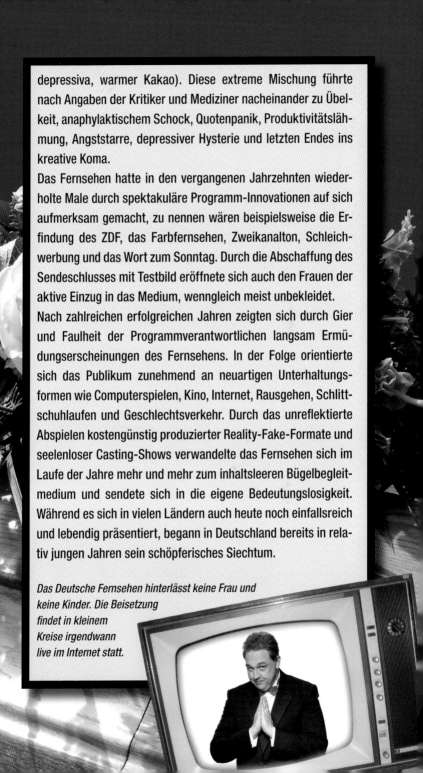